JN441010

WHY DO BUSINESS PARTNERSHIPS FAIL?

왜 동업은 망할까?

변호사 황성준

박영사

이 책을 펴낼 수 있도록 도움을 주신 모든 분들과
제 일상의 중심이 되어준 아내와 딸에게
깊은 감사의 마음을 전합니다.

Prologue

'웬만하면 동업은 하지 마라'

누구나 한 번쯤은 들어보았을 법한 말이다. 왜 동업은 망할까? 창업 비용도 아끼고, 업무도 나눠서 하고, 그야말로 일석이조와 같은 사업 방식인데 말이다.

동업이 망하는 본질적 이유는 외부적 요소보다 내부적 요소가 더 크다고 볼 수 있다. 외부적 요소라고 한다면 경기침체, 전염병 같은 것들이 떠오르는데, 이러한 요인은 '사업'이라서 어쩔 수 없이 겪어야 하는 문제들일 뿐, '동업'이라서 겪어야 하는 문제라고 보기는 다소 어렵다.

그렇다면 대체 동업은 왜 망할까. 먼저, 현실세계에서 대부분의 동업을 지탱하는 힘은 상호간의 신뢰로 이루어진다. 엄밀히 말해, 동업은 매 순간 발생하는 돌발상황에 대응할 수 있는 획일화된 가치 판단 기준을 상호 약속과 신뢰만으로 정의하고, 이를 실천하는 형태로 흘러간다. 그런데 막상 어떤 기준을 정의하려고 하다 보면, 서로의 가치관이 매우 달라 충돌이 생기곤 한다. 예를 들어 사업을 확장할 것인지 내실을 다질 것인지를 가지고 동업자끼리 서로 싸우는 장면은 드라마나 영화의 오랜 단골 소재이기도 하다.

더구나 그 기준을 어찌저찌 정하였다고 하더라도, 이를 구현하고 실천하는 과정에서 또 문제가 생기곤 한다. 서로가 살아온 환경의 차이라든지, 서로가 생각하는 정도의 차이라든지, 심지어 그냥 상대방의 방식이 마음에 들지 않는다는 이유로 다투기도 한다. 그 과정에서 동업자 간 신뢰는 금이 가게 되어 있고, 한 번 금이 가기 시작한 신뢰는 회복할 수 없는 수준으로 파탄이 나버려 결국 동업을 지탱하던 모든 것들이 무너져버리고 만다.

허나 이처럼 지극히 개인적인 가치관에서 비롯되는 문제들을 미리 계약서와 같은 것으로 단도리 하기란 사실상 불가능에 가깝다. 어떤 날은 기분에 따라, 또 어떤 날은 상황에 따라 내 가치관과 내 선택이 평소와 얼마든지 달라질 수 있기 마련인데, 어찌 모든 경우의 수를 다 예상해서 이를 계약서에 담을 수 있으랴.

이 책은 단지 '동업하려면 계약서를 잘 써야 한다'는 뻔한 말을 전하려는 게 아니다. 동업을 할 때 주로 분쟁이 어디서 일어나고, 어떻게 처리가 되며, 이를 예방하려면 무엇이 필요한지 미리 알 수 있다면, 아마 불필요한 분쟁을 상당수 예방할 수 있을 것이다. 그렇게 되면 동업이라는 사업방식의 가장 큰 단점인 '동업자간 불화'를 슬기롭게 극복할 수 있을 것이고, 동업의 순기능을 극대화시킬 수 있을 것이다.

즉, 이 책은 동업을 하고 있거나 예정하고 있는 사람들에게 일련의

가이드라인을 제시함으로써 동업의 본질인 효율성을 높이고, 동업체의 붕괴에 따른 개인적·사회적 손실을 최소화하는 데 보탬이 되고자 한다.

사실, 수많은 사람들이 동업을 하다가 친구에게 배신당하고, 사람에게 질리고, 심지어 사랑하는 연인이나 가족으로부터 지울 수 없는 상처를 입기도 한다. 그저 추상적인 희망만으로 모래성 쌓듯 사업을 하다 보니 작고 사소한 견해 차이가 생겨도 이를 해결할 기준이 없어 갑작스럽게 폐업을 결정하기도 한다. 무엇보다 동업은 더 이상 개인 간의 문제가 아니다. 감정의 소모가 그 어떤 분쟁보다 크기 때문에 시간이 거듭될수록 우리 이웃들의 정신 건강에는 무리가 갈 것이고, 무분별한 폐업과 파산으로 인한 사회적 비용은 점진적으로 증가할 것이다.

때문에 지금부터라도 동업에 대한 인식을 바꿀 필요가 있다고 생각한다. 창업을 준비하는 수많은 사람들에게 더 이상 동업은 '안 되면 말고' 식이 아닌, '좋은 창업 수단'이라고 인식되어야 한다. 그렇게 될 수만 있다면, 동업이라는 하나의 카테고리는 우리 사회를 발전시키는 원동력의 한 축으로서 제 역할을 톡톡히 해낼 수 있을 것이라고 생각한다.

필자는 오랜 세월 수많은 동업분쟁을 다루면서 얻은 경험을 토대로, 동업을 할 때 가장 중요하게 보아야 하는 분쟁 포인트들을 정리해보았다. 먼저 동업의 개념이 무엇인지, 동업계약은 어떻게 쓰는지, 동업체를 경영할 때 주의할 점은 무엇일지, 동업을 법인으로 만들면 어떻게 되는지, 아이디어나 저작권, 노하우 같은 영업비밀을 어떻게 보호할지, 동업을 하면서 마주할 수 있는 형사처벌 사례는 뭐가 있을지, 그리고 동업을 끝내려면 어떤 방식으로 끝내야 할지, 동업의 처음부터 끝까지를 고루 살펴보고자 한다.

차례

1

동업의 의미

동업은 매우 쉬운 단어 같다. “함께 일을 하는 것” 그 이상 그 이하도 아니라고 말이다. 그러나 이 단어에는 많은 뜻이 담겨있다. 누군가와 함께 일을 한다는 것은 협업, 분업, 별산, 투자, 가맹, 컨설팅, 호의, 조언 등 여러 모습으로 나타날 수 있다. 다시 말해 동업이란 다양한 형태로 나타날 수 있는 매우 포괄적이고 추상적인 개념이라고 볼 수 있다.

그럼 법에서는 동업을 어떻게 정의할까. 사실 우리나라에서 동업이라는 단어는 사전적으로만 존재할 뿐, 엄격하게 법률상 용어는 아니다. 조세특례제한법에서 ‘동업기업’이라는 개념을 도입하여 동업의 정의를 우회적으로 정하고 있긴 하지만, 딱 ‘동업’ 이 두 글자 그 자체를 법에서 별도로 정의하는 경우는 찾아볼 수 없다.

이렇게 동업이라는 말이 흔히 사용됨에도 불구하고, 정작 법이 그 정의에 대하여 침묵하고 있는 이유는 무엇일까. 생각해보건대, 먼저 동업은 태생적으로 너무나 다양한 형태를 보일 수 있어 하나의 정의를 내리기가 어렵다는 것이 가장 큰 이유라고 생각한다. 그리고, 이렇게 다양한 형태로 나타나는 법률관계를 우리나라는 ‘사적자치의 원칙’이라는 개념을 통하여 보호하고 있기 때문에 법의 개입을 최대한 자제하려는 것이 우리 입법자들의 의지인 것이라고도 추측된다. 여기서 ‘사적자치의 원칙’이란, 법에서 금지하는 행동을 제외하고는 당사자들이 자유롭게 기준을 정하여 법률행위를 할 수 있다는 뜻으로, 따라서 동업이라는 법률관계 또한 당사자들이 법적 테두리 아래에서 얼마든지 자유롭게 만들어 나갈 수 있음을 의미한다.

그러므로 동업의 의미를 가장 넓은 범위에서 접근해보자면 ‘어떤 일을 할 때 둘 이상의 사람이 결부되어 있는 것’ 정도로 나름 정의해볼 수 있을 것이다. 필자는 이것을 '광의의 동업'이라고 부르고자 한다.

광의의 동업에 의하면, 상당히 많은 법률관계가 동업의 범주에 속할 수 있다. 가령, 회사에서 나와 함께 일하는 직장 동료도 사실은 동업자 관계라고 말할 수 있을 것이다. 나아가 어떤 사업체에 투자를 한 사람과 그 사업체의 대표자도 동업자 관계라고 볼 수 있을 것이다. 그런데 이렇게 바라보기 시작하면 사실상 대다수의 국민들이 주식투자를 통하여 대기업과 동업자 관계에 놓일 수도 있게 된다. 하물며, 사업의 중요한 결정에 조언을 해주는 친구나 가족도 넓은 의미에서는 동업자라고 불러야 할지도 모른다. 또한, 사무실 비용만 같이 내고 각각 독립된 사업을 하는 사람들마저 역시 동업자 관계에 놓여 있다고 볼 여지도 생긴다. 이처럼 '광의의 동업' 개념에 따른다면, 아마 대부분의 인간관계가 동업자 관계에 놓이게 될 것이다.

하지만, 우리가 흔히 말하는 동업은 이렇게 광범위한 범위를 아우르는 개념이 아니다. 최소한 '둘 이상의 사람이 어떤 사업을 함께 경영한다는 것' 정도로 구체화되어야 비로소 우리가 흔히 말하는 동업의 개념에 가까워질 것이다. 필자는 이것을 '협의의 동업'이라고 부르고자 한다.

앞서 본 광의의 동업이 '어떤 하나의 공통분모'에 여러 사람이 결부된 느슨한 연대의 형태라면, 협의의 동업은 '공동경영'을 위해 여러 사람이 구체적 법률관계를 지닌 형태라고 할 수 있다.

양자의 차이는 법적으로도 확연하게 구분되는데, 광의의 동업은 서로 계약을 어떻게 하였느냐에 따라 법률관계가 각기 달리 정해지겠지만, 협의의 동업만큼은 법이 직접 법률관계를 정하고 있다. 바로 민법에서 정하고 있는 '조합'이 그것이다. 민법상 조합이란 '둘 이상의 사람이 금전이나 노동력, 지식재산 등을 출자하여 공동으로 사업체를 경영하는 형태'를 일컫는다(민법 제703조). 가장 상식적인 수준에서 동업을 정의하고 있는 것이다. 그리고 이러한 '조합'은 다시 구체적인 운영형태에 따라 익명조합, 합자조합, 비전형조합 등으로 나뉘는데, 우리는 법학을 공부하려는 것이 아닌 만큼 복잡한 이야기는 일단 접어두자.*

결국, 우리가 흔히 말하는 동업, 즉 협의의 동업은 민법상 조합을 의미하는 경우가 대부분이다. 실제 법원에서도 동업계약을 곧 조합계약이라고 받아들이는 경우가 많다.

그런데 아직도 우리 사회에서는 동업이란 단어와 조합이라는 단어의 경계가 모호하게 사용되고 있다. 대표적으로 우리가 잘 아는 '노동조합'은 사실 동업과는 거리가 먼 단체이다. 농협이나 수협과 같은 협동조합은 명칭에 조합이 들어가지만 엄밀히 말하면 특수법인에 해당한다. 말 많은 지역주택조합이나 재건축조합 등도 민법상 조합이 아닌 사단법인의 법리를 따르는 경우가 보통이다. 다시 말해 법적으로는 조합이 아닌데 이름은 조합이라고 쓰는 경우가 다수 존재한다.

반대로, 법적으로는 조합인데 이름은 조합이라고 쓰지 않는 경우가 있다. 바로 협의의 동업 말이다. 우리는 카페나 쇼핑몰을 공동창업 할

---

* 그래도 궁금하신 분들을 위해 요약하자면, 익명조합은 업무를 수행하는 사람과 자금을 출자하는 사람이 따로 있는 경우를 말하고(예를 들어 A만 100만 원을 출자하고 B는 경영만 하는 경우), 합자조합은 조합체의 채무를 무한대로 책임지는 조합원과 출자가액을 한도로만 책임지는 조합원이 만나 설립하는 조합이다(예를 들어 A가 100만 원을 출자하고 B는 100만 원 출자뿐만 아니라 경영을 도맡아 하는 경우). 그리고 비전형조합은 앞서 본 조합과 약간씩 다른 조건과 형태를 가진 조합이라고 생각하면 된다.

때 상호에 '○○조합'이라는 말을 쓰지 않는다. 뭔가 소구력이 없어 보이고, 구식 같아 보이기 때문이다. 이처럼 민법상 조합에 해당함에도 조합이라는 단어를 쓰지 않는 경우가 우리 주변에는 생각보다 꽤 많이 존재한다.

아직은 조합이라는 말이 어색할 것이다. 필자도 사실 조합이라는 말보다 동업이라는 말을 좋아한다. 조합은 뭔가 인격성을 완전히 결여한 이익단체 같은 데 반해, 동업은 가까운 사이끼리 의기투합해서 무언가를 해본다는 희망 어린 결사조직 같기 때문이다.

그렇지만 명심하여야 한다. 법은 '나는 그런 법이 있는 줄 몰랐다'는 개인적 사정에 기인한 항변을 인정하지 않는다. 따라서 지금부터라도 (협의의)동업이란 곧 조합에 해당할 수 있다는 점과, 그로 인하여 (협의의)동업관계에는 법이 언제든지 개입할 수 있다는 점을 상식적으로 알아둘 필요가 있겠다. 이하에서는 우리가 흔히 말하는 '동업'이 민법상 '조합'에 해당한다는 점을 전제로 서술할 것이므로 독자 분들의 오해가 없기를 바란다.

2

동업과 계약

CONTRACT

동업은 시스템이다

동업은 엄밀히 말해 사업 시스템을 함께 구축하는 것이다. 내가 얼마를 낼 테니 네가 얼마를 내고, 또 내가 무엇을 할 테니 너는 무엇을 하고, 그래서 서로 들인 노력만큼 공평하게 수익을 나누자는 게 이 시스템의 핵심이다.

이러한 시스템을 정리해둔 것을 법적으로는 '계약'이라고 한다. 계약이라고 해서 괜히 거창한 것이 아니다. 서로 어떤 조건과 효과에 합의를 하면 그게 곧 계약이다. 문제는 이러한 계약을 나중에 어떻게 '입증' 하느냐가 늘 말썽이다. 보통 우리는 동업을 할 때 일단 만나서 구두로 조건을 대강 정하고, 메신저로 진행상황을 공유하면서 동업체를 형성해 나간다. 그런데 이러한 방식으로 진행되면, 당최 서로가 합의하였던 동업조건이 무엇인지 나중에 가서는 혼선이 생기기 마련이고, 동업관계를 제대로 입증조차 못하는 경우도 생기곤 한다.

동업이라는 시스템의 조건은 크게 세 가지로 나눌 수 있다. '얼마를 내느냐(출자비율)', '어떻게 하느냐(공동경영의 방식)', '얼마큼 나누느냐(손익분배비율).' 이 세 가지를 기억하자. 그리고 이 세 가지만큼은 서로 어떤 조건에 합의를 하였는지 흔적을 남기는 게 좋겠다. 그것이 바로 '계약서'이다.

사실 동업계약서 양식은 인터넷에서도 쉽게 구할 수 있다. 하지만 남이 쓰던 계약서를 그대로 쓰는 것은 바람직하지 않다. 계약서는 법적 구속력을 가지는 처분문서로서, 그 효력을 함부로 부정할 수 없다는 중대한 의미를 갖는다. 따라서 앞서 본 세 가지 조건을 기준으로 자신만의 동업 시스템에 맞게 동업계약서를 작성하는 것이 가장 바람직하다.

만일 동업 계약서를 작성하지 않음으로 인하여 서로 약속한 조건을 입증하는 게 어려워진다면 어떤 일이 발생할까? 예를 들어 살펴보자.

좋은 사업 아이템을 무작정 함께한다?

철수 씨는 개인 사업으로 돈을 꽤 많이 벌어두었는데, 이 돈을 굴릴 만한 마땅한 투자처를 찾지 못하고 있었다. 그러던 어느 날 지인 한 명이 영희 씨를 소개해주었다. 영희 씨는 엔터테인먼트 쪽으로 사업 경험이 많았고, 사업을 해외로 확장하기 위하여 투자자를 물색하던 중이라고 하였다. 소개를 받은 영희 씨는 철수 씨에게 '좋은 사업 아이템이 있는데 같이 해보지 않겠느냐'는 제안을 했다. 철수 씨는 흔쾌히 제안을 받아들였고, 이로써 둘은 '자본'과 '노하우'라는 서로의 강점을 내세워 함께 해외 엔터테인먼트 사업을 하기로 하였다.

영희 씨는 일단 자신이 가지고 있던 법인 명의로 사업을 시작하자고 하였다. 철수 씨는 크게 상관없다며 영희 씨 마음대로 하라고 하였다. 이에 영희 씨는 곧바로 사무실 공간을 알아본 다음 법인 명의로 임대차계약을 체결하였고, 철수 씨는 영희 씨에게 보증금을 송금해주었다. 영희 씨는 임직원을 고용하고 각종 사무용품을 구매하였으며, 이때마다 철수 씨는 비용을 대주었다. 영희 씨가 해외 고객을 만나러 갈 때 철수 씨도 함께 동행하였으며, 비용은 언제나 철수 씨가 부담하였다.

이렇게 한 달, 두 달이 지났고 철수 씨는 영희 씨가 과연 해외 엔터테인먼트 사업을 성공적으로 이끌 역량이 있는지에 대하여 의문을 품기 시작하였다. 이에 철수 씨는 영희 씨에게 사업이 제대로 되어가고 있는 게 맞냐고 따져물었고, 그때마다 영희 씨는 사업 초창기라서 성과가 별로 없는 것일 뿐, 도리어 철수 씨가 엔터테인먼트 사업에 대한 이해도가 부족하다고 타박하였다. 두 사람의 신경전은 계속되었고, 갈등은 걷잡을 수 없이 커져만 갔다.

결국 철수 씨는 영희 씨가 자신의 돈만 가져가고 제대로 된 영업은 하지 않는다고 비난하더니, 급기야 동업 중단을 선언하였다. 그러자 영희 씨도 마음대로 하라며 맞섰고, 사무실 비밀번호를 바꾼 다음 자신이 데려온 직원들과 함께 홀연히 사라져 버렸다. 철수 씨는 텅 빈 사무실과 집기를 그저 바라만 볼 수밖에 없었고, 임대인은 도대체 어떻게 된 것이냐며 보증금에서 임차료를 공제하겠다고 으름장을 놓기 시작하였다.

이 사안에서, 철수 씨는 영희 씨를 상대로 자신이 투자한 돈을 돌려받을 수 있을까? 투자금 반환 약정이 있었던 것도 아니고, 그렇다고 철수 씨가 영희 씨에게 준 돈이 사실은 빌려준 돈이라고 하기에는 이를 뒷받침할 차용증 같은 증거도 없다. 하물며 동업을 같이 하였던 주체가 영희 씨 개인인지, 아니면 영희 씨가 운영하던 법인인지도 헷갈린다. 이렇게 막막한 상황이 현실에서는 수도 없이 반복되고 있다.

만일 두 사람 사이에 계약서가 있었다면 해결이 간단했을 것이다.

철수 씨가 영희 씨 사업에 투자를 하는 형태로 투자계약을 작성하면서 투자금 반환에 관한 내용을 적어 놓았다면 해법은 훨씬 수월했을 것이다. 아니면, 두 사람이 동업계약서를 작성할 수도 있고, 이 경우 철수 씨는 동업재산에 관한 권리행사를 할 수 있게 될 것이다.

그런데 아무런 계약서가 없다 보니 두 사람 간 관계가 애매모호해진다. 철수 씨의 일을 영희 씨가 대신하기로 하는 위임관계였다고 보기도 애매하고, 그렇다고 철수 씨가 영희 씨에게 어떤 일의 완성을 전제로 용역을 준 도급관계라고 보기도 애매하다. 대체 철수 씨와 영희 씨의 관계를 무엇이라고 보아야 하는 걸까.

법적 관계가 불투명하다는 말은, 철수 씨가 영희 씨에게 돈을 돌려달라고 할 때 영희 씨가 반박할 거리가 많아질 수 있다는 뜻이라고 해석해도 무방하다. 가령, 영희 씨는 철수 씨가 준 돈이 그저 자신의 법인 주식을 산 주식대금이고, 따라서 이 돈은 영희 씨 법인의 것이므로 돌려줄 의무가 없다고 주장할 수도 있다. 또 영희 씨는 이렇게도 주장할 수 있는데, '사실상 철수 씨가 영희 씨를 고용한 것이고, 아직도 급여를 안 주고 있으니 철수 씨는 채불임금을 줘야 한다'며 오히려 돈을 거꾸로 요구할 수도 있다. 더 나아가 영희 씨는 '법대로 하라'면서 철수 씨의 요구를 아예 무시할 수도 있고, 결국 철수 씨는 소송이라는 마지막 카드를 쓸 수밖에 없는 상황에 빠질 수도 있다. 소송으로 가면 또 어떠한가. 일단 철수 씨가 영희 씨에게 준 돈의 성격부터 따져야 하는데, 소송법상 입증책임은 원칙적으로 원고인 철수 씨에게 있기 때문에, 철수 씨가 그 돈의 성질을 입증해야 하는 부담을 떠안는다. 즉, '주식투자도 아니고, 증여도 아니며, 고용관계는 더욱 아니다'라고 항변만 해서는 안 되고,

'그렇다면 대체 무슨 관계인지'를 명확히 정리하여 선제적으로 주장할 수 있어야 한다.

이처럼 명확한 계약서가 존재하지 않는 상황에서 동업관계가 갑자기 종료돼버리면 정산금을 둘러싼 분쟁은 그야말로 첩첩산중이 된다. 애당초 동업관계가 있었는지부터 밝혀야 하고, 동업관계가 있다면 그것이 '조합'의 법리를 따를 만큼 요건이 갖추어져 있는지도 밝혀야 한다. 또한 조합의 요건이 갖추어져 있다고 하더라도 그 조합의 수익분배 내지 정산 조건은 어떠한지 추가로 밝혀야 하고, 나아가 조합의 재산은 어떤 방식으로 나누어야 하는지, 특히나 그 나눠야 할 조합의 재산은 또 얼마로 봐야 할지, 짚고 넘어가야 할 것이 한두 가지가 아니다.

계약서가 만능은 아니지만, 이처럼 계약의 부재로 인하여 분쟁의 실마리조차 찾지 못한다면 낭패를 보기 쉽다. 그러므로 누군가와 함께 사업을 한다면, 최소한 상호간의 법률관계가 어떤 관계에 해당하는지를 구체적으로 정할 필요가 있고, 그 관계를 계약서 등 추후 입증 가능한 방식으로 기록해두는 것이 좋겠다.

사랑하는 연인을 위해 사업을 도와준다?

또 다른 사례를 들어보자. 이번엔 철수 씨와 영희 씨가 서로 연인 사이라고 가정을 해보겠다. 철수 씨는 회사원이었는데, 취미 생활로 퇴근 후 브이로그를 만들거나 제품리뷰 영상을 만들어서 개인 유튜브 채널에 올리곤 했었다. 물론 구독자가 많지는 않았고, 철수 씨도 이걸 취미생활로 여겼지 자신의 본업은 회사 일이라고 생각하고 있었다.

그러다 철수 씨는 우연한 기회에 영희 씨를 만났고, 두 사람은 사귀기 시작했다. 영희 씨는 전문직 종사자로 세상물정에 해박한 지식을 가지고 있었다. 영희 씨는 철수 씨가 취미로 유튜브를 한다는 것을 알게 되었고, 자연스럽게 그 취미 생활을 공유하기 시작했다. 가령, 영희 씨는 철수 씨의 브이로그에 함께 출연을 하기도 하였고, 기발한 아이디어를 내기도 하였다.

그런데, 시간이 지나면서 영희 씨의 역할은 점점 커져만 갔다. 먼저, 어떤 주제로 영상을 촬영할 것인지 기획하는 단계부터 철수 씨와 함께 논의를 하였다. 주제가 정해지면 어떠한 구도에서 어떠한 밝기와 색으로 촬영을 하는 것이 좋을지 테스트를 하고 조명기구를 구입하는 것도 영희 씨의 몫이었다. 뿐만 아니라 영희 씨는 다른 유튜브 채널들을 조사하면서 최근 트렌드가 무엇인지 살핀 다음 철수 씨가 어떤 멘트나 상황극을 하면 좋을지 정리해주기도 하였다. 기획과 촬영, 작가의 역할을 고루 맡았던 것이다. 그렇게 촬영이 끝나고 나면, 영희 씨는 편집할 부분에 대하여도 자기 나름의 의견을 내었고, 철수 씨는 이를 종합하여 영상을 편집한 다음 영상을 업로드 하였다.

이렇게 두 사람이 힘을 합쳐 영상을 만들기 시작하자, 신기하게도 철수 씨 유튜브 채널의 구독자 수가 금방 증가하기 시작하였다. 몇 백명에 불과하던 구독자가 불과 6개월 만에 몇 십만명에 달하였고, 각종 협찬 제의와 공동구매, 광고 등 문의가 쏟아져 들어오기 시작하였다. 그리고 몇 년이 지나자, 철수 씨는 어엿한 인플루언서가 되어 있었다.

철수 씨는 이 참에 유튜버로 전업을 하겠다고 선언하였고, 오랫동안 다니던 회사를 퇴사한 다음 본격적으로 유튜브 제작에 심혈을 기울이기 시작하였다. 연인이었던 영희 씨도 철수 씨가 적성에 맞는 직업을 찾아 성공하는 모습을 보며 매우 뿌듯해했다.

구독자가 늘어나자 철수 씨는 바빠졌다. 구독자 관리, 공동구매 계약관리, 쇼핑몰 런칭, 재고 및 물류관리, 세무 회계관리 등등이 필요해졌다. 그럴 때마다 영희 씨는 잠자는 시간을 쪼개서라도 철수 씨의 일손을 도왔다. 심지어 영희 씨는 철수 씨를 대신하여 외부 미팅을 나가기도 하였고 각종 계약 및 경영관리를 거들었다. 이제 철수 씨의 유튜브 채널에는 영희 씨의 손길이 닿지 않은 곳이 없게 되었다.

그렇게 철수 씨의 유튜브 채널이 점차 안정적 수익을 거두기 시작하자 두 사람은 결혼을 약속하고 신혼집을 알아보기로 하였다. 이렇게 두 사람 앞날에는 행복만이 가득할 것처럼 보였다.

하지만 시련은 금방 찾아왔다. 철수 씨는 자신의 유튜브 채널을 자신의 가치관대로 운영하고 싶었고, 옆에서 온갖 조력을 해주던 영희 씨의 역할은 점차 훈수를 두는 귀찮은 존재로 여겨지기 시작하였다. 철수 씨는 영희 씨에게 짜증나는 말투로 '내가 알아서 하겠다'는 말을 자주하였고, 그럴 때마다 영희 씨는 서운한 마음을 삼켜야만 했다.

그러던 어느 날, 철수 씨는 더 이상 영희 씨에 대한 애정이 남아있지 않다고 느꼈고, 이에 영희 씨에게 이별을 고하였다. 영희 씨는 억장이 무너지는 느낌이었다. 사랑하는 이로부터 이별을 통보 받은 상처에 몇 날을 고생해야 했다. 그리고 점점 이별의 상처가 아물기 시작할 무렵, 문득 영희 씨는 지난 몇 년간 철수 씨 유튜브에 자신이 쏟아 부었던 열정과 노력이 너무 아깝다는 생각이 들었다. 영희 씨는 그 노력에 대한 보상을 받을 수 있을까?

이 경우도 마찬가지이다. 두 사람의 사이는 일단 연인 사이이고, 따라서 영희 씨가 철수 씨 유튜브 채널 운영에 도움을 준 것은 사실이라고 판단될 수 있겠으나, 그것에 대한 법적 평가는 단순한 '호의'에 불과하다고 인정될 가능성이 있다.

물론 영희 씨는 '철수 씨가 자신의 노동력과 지식재산을 무상으로 사용하여 부당이득을 얻었다'고 주장할 수도 있겠지만, 문제는 영희 씨의 노동력과 지식재산이 화폐가치로 정확히 얼만큼의 가치를 지니는지 구체적 입증이 필요할 뿐만 아니라, 그로 인하여 철수 씨가 얻은 이득이라는 게 당최 무엇인지, 또 이들 간의 인과관계가 명백히 존재하는지, 영희 씨에게는 어떤 손해가 발생하였는지 등등 입증하여야 할 것들이 너무나도 많다.

한편, 영희 씨는 철수 씨의 유튜브 영상들이 모두 '공동 저작물'이라고 주장할 수도 있겠지만, 철수 씨는 '영희 씨의 조언은 단순 참고자료에 불과했을 뿐, 영상의 기획과 촬영, 편집, 출연 등 모든 창작활동은 모두 내가 하였다'는 식으로 반박할 수도 있고, 이렇게 되면 영희 씨로서는 영상물의 창작 및 기여도에 관하여 복잡다단한 논지를 내세워야 하는 어려운 작업에 직면할 수도 있다.

결국 영희 씨로서는 철수 씨와 '동업을 하였다'는 점을 입증하면 가장 좋은 결론에 이를 수 있을 것으로 보인다. 그렇게 된다면 영희 씨는 동업재산인 유튜브 채널에 대하여 자신의 지분만큼의 권리를 행사할 수 있게 될 것이다.

여기서 안타까운 사실은, 연인 사이끼리 동업 계약서를 쓰는 경우가 극히 드물다는 점이다. 물론, 계약서 없이도 여러 정황상 동업관계에 있었음을 주장할 수 있겠지만, 일단 영희 씨가 대체 몇 프로의 지분을 가지고 있는지조차 입증이 힘들 수도 있다. 반면, 만일 동업계약서가 존재하였다면 영희 씨로서는 언제든지 철수 씨에게 계약상 권리를 행사할 수 있을 것이다. 그리고 계약서가 있다는 사실만으로도 철수 씨에게는 상당한 압박이 가게 될 것이고, 영희 씨는 굳이 법원을 찾지 않더라도 대화로써 충분히 철수 씨에게 자신의 권리를 당당히 요구할 수 있을 것이다.

필자는 연인 간 동업으로 인한 문제를 상당히 많이 다루어 보았는데, 이런 사건은 당사자관계의 특성상 동업계약서와 같은 상호 권리의무관계를 일목요연하게 입증할 객관적 증거가 매우 부족하기 때문에, 메시지나 전화 녹음 등 서로 주고받은 방대한 양의 대화를 압축하고 추출하여 당사자 간 의사표시를 일일이 확인하는 절차가 수반된다. 그리고 여기서 흥미로운 점은, 막상 그 절차를 거치고 나면 정작 중요한 알맹이는 거의 없는 경우가 상당히 많다는 점이다.

가령, 어떤 의뢰인은 전 연인과 매일 같이 사업 이야기를 나누었다고 하였는데, 필자가 막상 대화를 살펴보니 두 사람은 아주 일상적인 대화를 주고 받다가, '아 맞다, 이거 어떻게 생각해?'로 시작해서 '어, 그게 좋겠다'로 아주 스쳐 지나가듯 사업관련 대화를 잠시 주고 받고, 다시 시시콜콜한 이야기를 이어가곤 했다. 이런 식의 대화가 몇 년간 지속되긴 하였는데, 구체적인 공동경영의 방식이나 상호 출자금액, 지분비율, 손익분배 방식 등을 명확하게 정리하여 서로 합의한 내용은 없었다. 이렇게 되면 제3자의 입장에서는 동업자가 아닌, '그저 맞장구를 쳐주는 사람' 정도로만 인정될 가능성이 높아진다. 즉, 다른 증거를 또 찾아 나서야 하는 것이다.

만일 위 사례에서 영희 씨가 철수 씨가 아닌 제3자에게 위와 같은 도움을 줬다면 오히려 동업관계가 더 쉽게 인정되었을지도 모른다. 하지만 연인 간 동업은 특수성이 짙다. 연인과 같은 특수관계에서는 '호의'라는 개념이 얼마든지 등장할 수 있기 때문이다. 누가 미쳤다고 그런 호의를 베푸냐고 할 수 있겠지만, 이는 이미 지나간 연인한테나 쓰일 말이지, 그 당시에는 얼마든지 사랑에 미쳐 호의를 베풀고 있었을 수도 있다는 뜻이다.

결국, 연인 간 동업은 다른 동업보다 더 엄격한 입증책임을 부담해야 할 수도 있다. 지나간 사람에 대한 과거의 헌신과 사랑을 현재의 법률적 관계로 치환하고자 한다면, 보다 객관적인 시각으로 자신의 과거를 바라볼 필요가 있다는 것이다.

결국은 증거싸움이다

분쟁을 해결하는 방식 중 최후의 보루라고 볼 수 있는 것이 바로 송사, 즉 재판이다. 그런데 이 재판이라는 것에는 '주장하는 자가 증명하여야 한다'는 소위 입증책임의 원칙이 존재한다. 즉, 누군가에게 소송을 제기해서 이기려면 반드시 증거가 필요하다는 것이다.

그런데 이 증거에도 각각의 무게가 다를 수 있다는 점을 잘 모르는 사람들이 많다. 본인이 바라볼 때는 완벽한 증거 같지만, 변호사가 볼 때는 증거로서 큰 의미가 없다고 하는 경우가 종종 발생한다. 왜 그런걸까?

양팔 저울을 예로 들어보자. 저울 한 편에 아무리 솜뭉치를 수북하게 쌓아 올려놓아도 맞은편에 조그마한 쇠구슬을 얹어 놓기만 하면 저울은 쇠구슬 쪽으로 급격히 기울게 될 것이다. 이처럼 증거는 부피나 모양이 중요한 게 아니다. 의미가 함축되어 있을수록 오히려 무게감이 있고 증명력이 커지게 된다. 그래서 분쟁을 앞두고 있다면, 지금 내가 가진 증거가 솜뭉치인지, 쇠구슬인지를 이성적으로 판단해볼 필요가 있다.

앞선 유튜브 사례를 다시 한 번 살펴보자. 영희 씨가 할 수 있는 것이라고는 그동안 철수 씨와 주고받았던 수많은 메시지, 전화 내용들을 하나씩 곱씹으면서, 자신이 철수 씨 영상에 막대한 기여를 하였다는 증거들을 최대한 끌어모으는 수밖에 없을 것이다. 그리고 이렇게 모은 내용들을 다시 일목요연하게 정리해서 구체적으로 어떤 기여를 하였고 이로써 어떤 효과를 얻었는지도 입증하여야 할 것이다.

그런데 철수 씨 입장에서는 딱히 불리할 것이 없어 보인다. 채널 주인도 자기 자신이고, 수익도 자기 자신이 모두 가져갔으며, 무엇보다도 영희 씨와는 연인관계에 있었기 때문에 영희 씨가 호의를 베푼 것일 뿐, 법적으로 영희 씨에게 책임을 져야 할 아무런 근거가 없다고 설명할 수 있다. 만일 동업관계라면 영희 씨가 지분이 있어야 하고, 수익을 따박따박 나누었어야 했는데 그렇지 않았다는 점도 강조할 수 있다. 이렇게 되면, 영희 씨가 아무리 솜뭉치를 잔뜩 올려놓아도 저울은 오히려 철수 씨 쪽으로 기울어질 수도 있다.

이러한 모습을 보고 있노라면, 일반인의 시각에선 재판이 정말 융통성 없어 보일 것이다. 하지만 '법률관계'라는 것을 일정한 기준 없이 아무렇게나 인정할 수는 없는 노릇이다. 일단 법률관계를 형성하려면 법률행위라는 것을 해야 하는데, 내가 아무렇지 않게 한 행위가 법률행위가 돼버리고 그것이 법적 구속력을 지니는 법률관계를 창설하게 되어버리면, 모든 인간관계가 법적 관계로 얽히게 되어 사회구성원 간 교류가 순식간에 경직되어 버릴 것이다. 반대로 법률행위라는 것을 너무 엄격한 기준에 따라 인정하기 시작하면 영희 씨와 같은 억울한 사람이 부지기수로 나타날 수도 있을 것이다. 따라서 그 중간 지점이 중요한데,

법률관계를 주장하는 사람에게 그 입증책임을 부과하는 것이 현재 우리 사법체계의 입장이라고 볼 수 있다.

증거는 조작되지 않는 이상 과거의 어떤 사실이 지나간 흔적에 해당한다. 그리고 그 흔적은 깊게 패어 있을 수도, 희미하게 남아 있을 수도 있다. 따라서 증거가 부족하다는 말은 어떤 사실이 아예 부존재한다는 뜻이 아니라, 어떤 사실이 있다고 단정지음으로써 법률관계를 창설하기에는 다소 애매함이 있다는 뜻으로 받아들여야 한다. 그러므로 누군가 송사를 앞두고 있다면, 자신이 확보한 증거의 무게, 깊이를 객관적으로 바라보는 것부터 시작하는 게 좋겠다.

동업계약서는 어떻게 쓰는 게 좋을까

다시 한 번 짚어보자. 동업은 결국 시스템이고 그 조건이 중요하다. 그런데 지금까지의 사례들을 보면 그러한 시스템이 존재하는지 여부부터 불투명할 뿐만 아니라 동업의 조건 자체도 제대로 정해진 것이 없었다. 그러다보니 억울한 사람이 생기게 되고, 불필요한 분쟁이 발생하게 되었다. 따라서 현실적으로는 동업계약서를 작성하는 게 분쟁 예방에 가장 기초적인 수단이라고 보여진다.

그렇다면 동업계약서는 어떻게 작성하는 것이 좋을까? 먼저, 보통 계약서 제1조에는 '계약의 목적'을 기재하는데, 이때 '본 계약은 갑과 을이 각자 금전과 노무를 출자한 다음 사업을 공동으로 경영함에 있어 필요한 권리의무관계를 정하기 위하여 작성되었다' 정도만 기재하더라도 벌써부터 이 계약서의 효력이 어디를 향하고 있는지 명확해지게 된다. 즉, 동업계약이라는 정체성이 부여되는 것이다. 그 밖에도 동업을 시작한 계기와 배경 등을 간략히 추가한다면, 계약서 전체의 정체성이 더욱 뚜렷해지는 효과를 얻을 수도 있다.

그 다음부터는 쉽다. 제2조는 서로 얼마를 출자하기로 할 것인지, 제3조는 서로 지분이 얼마고 어떻게 수익을 분배할 것인지, 제4조는 서로 어떻게 공동으로 경영할 것인지, 순서대로 쭉쭉 써내려가면 된다. 다만 몇 조가 되었든 간에 다음 두 가지 조건은 반드시 분명한 의미의 단어로 명확하게 정해두어야만 한다.

첫째로 수익분배비율이다. 동업이라는 것도 결국 돈을 벌고자 하는 것이 아니겠는가? 따라서 수익을 몇 대 몇으로 나눌지 정해두는 게 중요하다. 물론 처음에는 서로가 얼마큼의 노력을 하고 얼마큼의 가치를 창출할 것인지 가늠이 잘 안 되기 때문에, 일단은 나중에 가서 정하자고 협의할 수도 있다. 하지만 이런 경우는 십중팔구 둘 다 딴소리를 하게 되고 결국 법정에 나란히 서게 될 가능성이 매우 높다. 그렇기 때문에 수익분배비율은 동업 초창기일지라도 우선 정해두는 게 좋다.

둘째로 조합관계의 종료 및 정산 방법이다. 그 누구도 이별을 생각하고 만남을 약속하진 않는다. 하지만 계약은 다르다. 혹시 모를 계약의 종료에 대비하여 그 절차와 방법을 미리 정해두는 것은 마치 보험을 들어놓는 것과 같은 셈이 된다. 어떤 경우에 계약을 해지할 수 있는지, 또 계약이 해지되면 어떤 절차를 통해서 남은 재산을 분배할 것인지, 이를 당사자 간의 약속으로 미리 정해둔다면 아마 대다수의 동업 분쟁을 예방할 수 있을 것이다.

끝으로 필자가 강조하고 싶은 것이 있다. 동업계약서를 작성할 때는 결코 가벼운 마음으로 도장을 찍어서는 안 된다. 임대차 계약이야 2

년 주기로 갱신되고, 근로계약은 내가 퇴사를 해버리면 그만이지만, 동업계약은 평생 본인을 옥죄는 수단이 될 수도 있다. 따라서 계약 조건을 애매하거나 모호한 언어로 사용해서는 안 되며, 이 계약이 자신에게 유리한지 불리한지 판단이 서지 않을 때는 전문가를 찾아가는 것도 현명한 방법이 될 수 있다.

3

동업과 경영

동업은 '공동경영'이 중요하다

우선, 동업을 하기로 하였으면 이제부터 동업자와 '공동으로 경영을 한다'는 점을 머릿속에 숙지해두어야 한다. 이 말이 왜 중요하냐면, '공동으로 경영'을 하는 것과, 단지 '공동의 목표를 위해 함께 일한다'는 것은 법적으로 엄연히 다른 개념이기 때문이다.

먼저 공동의 목표라는 개념은, 소위 시너지 효과를 기대하는 일종의 '협업' 내지 '상부상조 행위'를 의미하는 포괄적 개념이라고 볼 수 있다. 때문에 상호 간의 어떤 권리의무관계가 발생하지 않고 일종의 파트너 개념으로만 치부될 가능성이 높다.

반면, '공동의 경영'이라는 개념이 성립되면 비로소 동업관계라는 권리의무관계가 형성될 수 있다. 공동으로 하나의 사업체를 책임지는 것이기 때문에 서로의 잘잘못을 따질 수가 있다는 것이다.

이처럼 '공동경영'의 형태가 존재하는지 여부에 따라, 권리의무관계 및 그 해결방식이 완전히 달라질 수 있다. 쉽게 말해, 공동경영이 인정되면 동업체는 조합의 법리를 따를 수 있게 되어 수익분배 요구, 잔여재산분배청구, 지분반환청구, 동업자 제명 등 각종 권리행사가 가능해진다. 그러나 공동경영이 인정되지 않는다면 동업체는 법의 사각지대에 놓이기 쉽다.* 동업관계가 엉뚱하게 사용자 및 근로자 간의 관계가 되기도 하고, 그간 동업체에 들인 노력들이 단순히 호의에 해당한다고 치부될 수도 있다.

따라서 동업을 함에 있어 법의 보호를 받고, 상호간의 권리의무관계를 확실하게 하고자 한다면, 앞서 본 계약서의 작성도 중요하겠지만, 무엇보다도 동업자 간 '공동경영'의 의사가 명백하게 합치해야 할 것이다.

그럼, 한 번 사례를 들어 공동경영이란 무엇인지 자세히 살펴보자.

철수 씨는 무한리필 고깃집을 차려 크게 성공을 하였고 영희 씨는 그 가게에서 아르바이트를 하면서 한창 일을 배우던 중이었다. 그런데 영희 씨가 일도 똑부러지게 잘하고 성격도 좋아서 철수 씨의 눈에 금방 띄게 되었다. 그러던 중 영희 씨가 창업에 관심이 있다는 사실을 알게 되자 철수 씨는 영희 씨에게 무한리필 고깃집 2호점을 해보지 않겠냐는 제안을 하게 되었다. 영희 씨는 철수 씨 가게에 늘 손님이 많다는 것을 누구보다 잘 알고 있었고, 철수 씨가 적극적으로 도와주겠다고 하니까 창업에 대한 막연한 불안함도 줄어드는 느낌이었다. 결국 영희 씨는 2호점을 차려 사장이 되었다.

이 경우 철수 씨와 영희 씨는 무한리필 고깃집 사업을 공동으로 경영하는 것일까, 아니면 각자 1호점과 2호점을 운영하는 독립된 사장인 것일까.

---

* 익명조합, 합자조합 등 동업자 중 한 사람만이 경영을 하는 경우는 공동경영이 아님에도 조합의 법리를 따르게 되는데, 이는 예외적 상황이므로 본 목차에서는 생략하도록 하겠다.

조금 더 상황을 구체적으로 가정해보자. 우선 철수 씨와 영희 씨는 2호점 창업에 필요한 자본금을 십시일반으로 모아 투자하였다. 그리고 철수 씨는 창업이 처음인 영희 씨를 위하여 원가정보, 레시피, 물류 노하우, 인테리어, 집기구매, 아르바이트생 고용 등 경영 전반에 대하여 조언을 해주고, 실제로 2호점에서 함께 일을 도와주기도 하였다. 그러면서 철수 씨는 영희 씨에게 '1호점과 2호점은 하나의 사업체이고, 두 매장에서 나오는 총 수익의 70%를 철수 씨가, 나머지 30%를 영희 씨가 나눠 가지자'고 제안하였다. 그도 그럴 것이 1, 2호점에 들어간 총 비용을 합해보면 70% 정도를 철수 씨가 냈고 나머지 30% 정도를 영희 씨가 부담한 셈이어서, 영희 씨는 좋은 조건이라고 생각하여 이를 승낙하였다. 다만 두 사람은 위와 같은 약정을 따로 계약서나 증거로 남기지는 않았다.

이후 철수 씨의 고깃집은 전국적으로 입소문이 나기 시작하였고, 탄력을 받아 곧장 3, 4, 5호점을 연이어 오픈하게 되었다. 물론, 이때는 철수 씨가 비용을 전부 부담하였고, 가게 운영도 직영점 형태로 직접 하였다. 다만, 추가 점포를 내는 과정에서 영희 씨도 일부 의견을 내었는데, 가령 가게의 위치라든지, 인테리어 컨셉 등에 대한 자신의 의견을 적극적으로 내놓았다. 생각보다 영희 씨의 안목은 탁월했고, 철수 씨는 영희 씨의 도움을 받아 점포를 손쉽게 늘릴 수 있었다.

그런데 얼마 지나지 않아 코로나 사태가 터지면서 경기가 급격하게 안 좋아지기 시작했다. 손님은 반 토막이 나다 못해 하루에 한 팀도 받지 못하는 경우가 속출하였고, 1호점부터 5호점까지 모두 적자가 나기 시작했다. 적자 폭은 감당할 수 없을 만큼 순식간에 불어났다.

갑작스러운 천재지변을 버티지 못한 영희 씨는 결국 2호점을 폐업하기로 결심했다. 그리고 철수 씨에게 자신이 투자한 투자금을 돌려달라고 요구하였다. 하지만 철수 씨는 '동업자라면 손실도 분담해야 하는 것 아니냐'면서 투자금 회수를 거절하였다.

가만히 생각해보니까 철수 씨는 영희 씨가 너무 괘씸했다. 그도 그럴 것이 철수 씨는 자비를 들여 영희 씨의 2호점도 만들어줬고, 각종 노하우와 비법도 전수해줬으며, 함께 무한리필 고깃집 체인 사업을 키워나가는 것으로 이해하고 있었다. 그러므로 1호점부터 5호점까지 발생한 모든 손실도 영희 씨가 함께 책임을 져야 한다고 생각했다. 고민 끝에 철수 씨는 영희 씨에게 '투자금은 돌려주겠다, 하지만 동업관계에서 손실이 난 부분도 청구하겠다'고 메시지를 보냈다.

철수 씨의 메시지에 영희 씨는 당장 답이 없었다. 그러나 얼마 지나지 않아 영희 씨는 철수 씨에게 명확한 답변을 하였다. 투자금반환 소송을 걸어온 것이었다.

철수 씨가 투자금을 돌려주겠다고 문자를 보낸 것이 화근이었다. 하다못해 영희 씨는 자신이 철수 씨의 직원이었다며 미지급 수당도 청구하였다. 철수 씨는 도무지 화가 나서 가만히 있을 수 없었다. 결국 철수 씨는 영희 씨도 동업체의 차손금을 분담하여야 한다며 반소를 제기하였다. 이들의 관계는 과연 어떻게 될까?

우선 철수 씨가 영희 씨에게 투자금을 돌려주겠다고 문자를 보냄으로써 투자금 반환 약정이 성립한 것으로 평가될 가능성이 있다. 반면, 영희 씨가 무한리필 고깃집 사업의 전체 손실을 함께 분담하려면 두 사람이 1호점부터 5호점까지 모두 동업자로서 공동의 경영을 하였다는 증거가 있어야 했다.

철수 씨는 법정에서 '영희 씨가 3, 4, 5호점 오픈에 많은 조언을 해주었고, 애당초 2호점을 설립할 당시부터 무한리필 고깃집 사업을 함께 하기로 약속했다'고 주장하였다. 그런데 엄밀하게 바라보면, 영희 씨가 다른 3, 4, 5호점 오픈에 몇 가지 조언을 했다는 사정만으로는 두 사람이 전체 고깃집 사업을 함께 공동 경영하기로 했다는 사실을 단언하기는 어려울 수도 있다. 영희 씨 입장에서는 그저 다른 체인점이 더 많이 발전하면 자신의 2호점도 반사이익을 누릴 것이라 생각하고 호의로써 조언을 해준 것일 수도 있다. 그리고 실제로도 영희 씨는 2호점 운영에만 집중하였지, 나머지 점포 운영에 적극적으로 개입하였던 뚜렷한 흔적은 없었다. 이러한 사정을 종합하면, 아무래도 철수 씨의 주장은 받아들여지기 어려울 가능성이 높아 보인다.

이처럼 동업이라는 것은 기본적으로 '공동 경영의 의사합치'가 있어야 한다. 계약서가 없다면 평소 서로 주고받은 메시지 등을 토대로 솜뭉치를 쌓아 올리는 식의 입증을 해야 하는데, 위 사례처럼 단지 조언을 서로 주고받는 정도라면, 이것을 과연 '공동으로 사업을 경영한다'는 의사로 볼 수 있는지에 관하여는 보수적인 시각으로 접근할 수밖에 없을 것이다.

그러다보니 전체 점포의 손실을 영희 씨에게 분담시킬 방법이 마땅치가 않다. 그래서 철수 씨는 2호점만이라도 동업관계를 인정받아 손실금을 분담시키고자 하였다. 그런데 이번에는 엉뚱한 데서 문제가 발생하였다. 2호점 수익을 분배하는 방식마저 동업과 거리가 멀어 보였던 것이다. 매달 수익의 30%를 분배한 것이 아니라, 일단 철수 씨가 2호점의 수익을 관리하고 영희 씨에게 일정금액의 급여를 지급하였던 게 화근이었다. 심지어 영희 씨는 4대 보험도 들어있는 상태였다. 사실 철수 씨는 2호점 수익의 30%를 연말에 가서 한 번에 정산해줄 생각이었다. 그러나 연말이 되기도 전에 코로나 사태가 터진 것이었고, 따라서 표면상 영희 씨는 철수 씨의 근로자인 것으로 보일 수밖에 없었다.

철수 씨는 정말 억울했다. 하지만 두 사람이 동업약정을 했다는 증거는 없고, 오히려 영희 씨가 2호점에 투자금을 내고, 철수 씨로부터 급여를 받는 근로자였다는 증거만 남아있었다. 철수 씨는 세상에 이런 법이 어딨냐며 황망할 따름이었다.

이처럼 증거의 부재로 인하여 실체적 진실과 사법판단이 서로 다른 경우가 법정에서는 흔히 발생한다. 특히 공동경영이라는 점에 대하여 증거가 부족하면, 아무리 동업관계를 목놓아 주장하더라도 위와 같이 엉뚱한 관계로 인정이 돼버릴 수 있다. 따라서 적어도 동업을 논하려면 '공동으로 경영한다'는 생각을 잊지 말아야 한다. 이 생각을 견지하여야 동업관계에 있어 불필요한 언행을 삼가고 추후 분쟁에서 유리한 고지에 오를 수 있다.

호의가 계속되는 것은 동업이 아니다

보통 동업을 하게 되는 경위는 크게 두 가지로 나뉜다. 원래 알고 있던 사이끼리 '우리 한 번 해보자' 하면서 의기투합 하는 경우가 있고, 제3자의 주선이나 우연한 기회에 만나 알게 된 사이끼리 각자의 재능과 열정을 가지고 시너지를 기대하며 동업을 시작하는 경우가 있다.

전자의 경우는 동업체의 경영을 허물없이 나누어 하는 경우가 보통이다. 가령, 카페나 음식점 같은 경우는 요일을 정하여 돌아가면서 사업장을 돌보기도 하고, 분업의 효율성을 위하여 영업은 한 사람이, 회계는 다른 한 사람이 도맡아 하기도 한다. 모든 영역에서 서로 간섭과 첨언을 할 수 있고, 동업자 한 사람의 독자적 결정은 지양하는 구조인 셈이다.

그런데 후자의 경우는 아무래도 상호간의 인적 신뢰도가 높지 않은 편이기 때문에, 사무실만 같이 사용하고 일은 따로 한다든지, 어느 한 사람이 전반적으로 경영을 하고 다른 한 사람은 특정 파트에만 집중을 하는 식으로 동업이 진행되기도 한다.

앞서 본 '공동경영'의 측면에서 바라볼 때 무엇이 공동경영에 가깝다고 보이는가? 아무래도 전자가 공동경영의 형태에 보다 더 가깝다고 할 것이다. 필자가 동업관계에 관한 다툼을 다루면서 가장 마음이 아픈 경우는 후자의 경우이다. 특히나 동업자 중 한 명이 일방적으로 노력과 재산을 다 바쳐 일구어낸 동업체를 막상 동업체라고 부르지 못하는 경우가 유독 그렇다.

사례를 들어보자.

영희 씨는 청년창업 프로그램을 통해 원예 사업을 준비했다. 평소 플랜테리어(식물을 이용한 인테리어)에 관심이 많던 영희 씨는 각종 인테리어 작업을 저렴하고 좋은 품질에 공급하겠다는 꿈을 꾸고 착실하게 프로그램 수업을 받아나갔다. 그러던 중 영희 씨는 같은 창업 프로그램을 듣고 있는 정숙 씨를 알게 되었는데, 싹싹하고 반듯한 이미지의 정숙 씨에게 좋은 인상을 가지게 되었다. 더구나 정숙 씨도 원예 사업에 관심이 많았는데, 다만 영희 씨처럼 대규모 디자인 작업보다는 소형 화분과 같은 인테리어 장식품 등을 만드는 사업을 하려던 참이었다.

이렇게 두 사람은 인테리어라는 사업 카테고리도 유사했고, 원예라는 사업 재료도 비슷하다는 것을 알게 되었다. 그렇게 청년창업 프로그램이 종료되자, 두 사람은 누가 먼저라고 할 것도 없이 동업을 하기로 약속하였다. 영희 씨는 주택, 카페, 사무실 등 공간 인테리어를, 정숙 씨는 인테리어 소품 분야를 각자 도맡아 하기로 하였다. 이들의 사업은 분명 시너지 효과가 있을 것으로 기대되었다. 가령, 원예라는 공통된 재료를 함께 구매할 수 있어 비용도 아낄 수 있었고, 사무실도 번거롭게 여러 군데를 구할 게 아니라 한 군데만 구해도 되니 관리도 편했다. 이에 두 사람은 각자 사업을 하면서 발생하는 모든 비용과 수익을 5:5로 나누기로 하고 동업을 시작하였다.

가장 먼저 사무실을 알아보고 사업 경영에 대한 노하우 전반을 알려준 것은 영희 씨였다. 사실 영희 씨는 원예사업을 한 번 해보았던 경험이 있었기 때문에, 사업을 처음 시작하는 정숙 씨에게 많은 도움을 줄 수 있었다. 뿐만 아니라 영희 씨는 정숙 씨보다 다양한 식물을 다룬 경력이 더 많았기 때문에 원예기술에 대하여도 많은 노하우를 전수해줄 수 있었고, 정숙 씨는 그럴 때마다 영희 씨에게 고마움을 표현하며 그 노하우를 성실히 배우고자 노력하였다.

코로나 사태의 여파로 도리어 실내 인테리어 열풍이 불게 되자 두 사람의 사업은 날개 돋친 듯 성장하기 시작하였다. 인테리어를 의뢰하는 고객들이 늘어나자 영희 씨는 사업장에 머무는 시간보다 현장에 머무는 시간이 더 많아졌고, 인테리어 소품을 찾는 사람들이 늘어나자 정숙 씨는 사무실에서 소품을 제작하고 판매하는 데 더 많은 시간을 쏟게 되었다. 두 사람은 필요한 재료를 한 번에 구매하였기 때문에 더 저렴한 가격에 구입할 수 있었고, 사무실도 하나를 나누어 썼기 때문에 비용을 획기적으로 낮출 수 있었다.

영희 씨와 정숙 씨는 사업 자금도 철저하고 투명하게 관리하였다. 엑셀파일을 만들어 월별로 영희 씨와 정숙 씨가 각각 지출하고 벌어들인 내역을 상세하게 기입하였다. 그렇게 몇 달이 지나다 보니 영희 씨의 사업규모가 정숙 씨의 사업규모의 몇 배는 더 크다는 사실을 알 수 있었다. 가령 영희 씨는 필요한 원예, 공구, 재료값만 해도 수백만 원에 달했고 그에 맞게 수입도 수백만 원 단위에 달했는데, 정숙 씨는 아무래도 소품 위주다보니 비용도 많아야 수십만 원이고, 수입도 잘 나오는 달이라고 해봤자 100만 원 안팎에 머물렀다.

그 결과 도리어 정숙 씨가 영희 씨의 막대한 재료값을 함께 부담하여야 하는 불합리함이 생겼다. 물론 정숙 씨는 영희 씨의 수익도 절반을 가져갔기 때문에 결과적으로 나쁜 것은 아니었지만, 안 그래도 인테리어 소품의 수익성이 좋지 않다고 느꼈던 정숙 씨로서는 이 상황이 썩 만족스럽지 않았다. 더구나 인테리어 소품 시장은 생각보다 규모가 커지지 않았고, 경쟁업체들도 너무 많이 생겨나는 바람에 정숙 씨의 소품 사업은 점차 내리막길에 들어서고 있었다.

이 모습을 지켜본 영희 씨는 정숙 씨에게 괜한 미안한 마음이 들기 시작하였다. 그래서 영희 씨는 어느 날 정숙 씨에게 제안을 하나 하게 되었다. 정숙 씨가 영희 씨의 플랜테리어 사업을 일차적으로 도와주고, 그 밖에 시간이 날 때마다 정숙 씨는 부업 형태로 소품 일을 계속 해나가는 것이 어떻겠냐는 것이었다. 그 대신 영희 씨는 정숙 씨에게 자신의 사업 순수익의 50%를 주겠노라고 하였고, 소품 사업에서 나오는 순수익은 정숙 씨가 모두 가져가라고 하였다. 영희 씨의 커다란 배려에 정숙 씨는 기분이 그나마 나아졌고, 그렇게 두 사람은 다시 한 번 의기투합하여 동업을 계속하게 되었다.

그렇게 인테리어 열풍이 한 김 식고 난 다음, 정숙 씨의 소품 사업은 거의 개점 휴업상태가 된 반면, 영희 씨의 플랜테리어 사업은 예식장, 빌딩, 심지어 공장 등과 같은 다양한 분야로 발전하여 순항을 하고 있었다. 그러다 보니 두 사람의 동업관계는 사실상 정숙 씨가 영희 씨 일을 돕고, 영희 씨는 자신이 버는 돈의 절반을 정숙 씨에게 꼬박꼬박

주는 형태가 되었다.

영희 씨의 사업은 계속 번창해갔다. 고가의 장비를 사게 되었고, 인원도 많아지면서 사무실을 더 넓은 곳으로 이전하게 되었다. 이 과정에서 영희 씨는 수억 원의 대출을 받아 모두 자비로 부담하였다. 원래 동업 계약대로라면 정숙 씨도 이 비용을 50% 부담하였어야 했지만, 형편이 어려운 정숙 씨를 배려하는 마음에 영희 씨는 '다음에 잘 되면 갚으라'는 말만 남기고 더 이상의 비용 요구를 하지 않았다.

그런데 정숙 씨는 원예 사업에 더 이상 흥미를 잃게 되었다. 자신이 생각했던 것과 다른 작업 환경 때문이었는지, 정숙 씨는 일반 회사에 입사하여 안정적인 월급을 받으면서 직장인으로서 생활을 하고 싶다는 생각이 간절해졌다. 이에 정숙 씨는 영희 씨에게 더 이상 사무실에 나오지 않겠노라고 선언하고 직장을 알아보기 시작하였다. 영희 씨는 정숙 씨를 설득하려고 하였지만 정숙 씨의 완강한 모습에 이내 포기할 수밖에 없었다. 그렇게 두 사람의 동업관계는 끝나는 듯하였다.

정숙 씨가 떠난 뒤 얼마 지나지 않아, 영희 씨는 노동청으로부터 한 통의 전화를 받게 되었다. 누군가가 영희 씨를 임금체불로 신고하였으니 출석하라는 것이었다. 노동청 조사를 받으면서 영희 씨는 그 신고자가 정숙 씨라는 사실을 알게 되고 깜짝 놀랐다. 여기서 더 나아가, 그동안 영희 씨가 정숙 씨에게 지급한 수익금 절반이, 사실은 근로의 대가인 월급이었던 것 아니냐는 추궁에 직면하자 영희 씨는 머리가 새하얘지기 시작했다.

영희 씨의 입장에서 바라본다면 정말 황당한 상황이 아닐 수 없을 것이다. 그런데 자세한 내막을 모르는 제3자가 바라본다면 어떨까. 사업 초창기를 제외하고 대부분의 시간 동안 정숙 씨는 영희 씨가 시키는 일만 했었다. 그리고 그 대가로 수익의 50%를 가져갔다. 누가 월급을 정액으로 주지 않고 수익 비율대로 주겠냐고 생각할 수도 있겠지만, 근로관계만을 담당하는 노동청의 입장에서는 영희 씨의 지시 및 감독하에 정숙 씨가 노동력을 제공하였다는 단편적 사실관계만이 눈에 들어올 가능성도 배제할 수 없다.

이렇게 호의가 계속되면 권리가 되고, 따라서 호의를 베풀지 않으면 자신의 권리가 침해되었다고 착각하는 경우가 대단히 많다. 물론, 정숙 씨의 입장도 완전히 이해 못할 것은 아니었다. 사실상 영희 씨와의 동업관계는 종료된 지 오래였고, 영희 씨가 수억 원을 들여 사업 규모를 키우든 간에 자신은 그저 영희 씨의 원예 사무실에서 일하는 근로자라고 생각을 했을 수도 있다. 그래서 다른 직장을 구하겠노라고 선언하고 영희 씨와의 관계를 단절하려고 했을 수도 있다.

어찌됐든 동업관계에서 일방적인 호의가 계속되면 그것은 전혀 다른 법률관계를 구성하게 될 수도 있다는 점을 명심해야 한다. 동업은 엄연한 사업의 형태 중 하나고, 사업은 호의로만 이루어지는 것이 아니다. 따라서 동업을 할 때는 동업자와 사업체를 '공동으로 경영'한다는 엄격한 마인드를 가지고 있어야 한다. 동업자의 실력이나 노력이 기대에 못 미친다면 억지로라도 이를 끌고 가거나, 아니면 놓아버려야 한다. 혼자서 모든 경영을 다하면서 시키는 대로 일만하는 사람이 필요하다면 차라리 고용을 하는 것이 낫다. 그런 사람에게 사업의 지분을 주고 수익을 분배하는 것은 더더욱 말이 되지 않는 일이다.

동업을 할 때 동업자와 인간적 유대관계를 유지하는 것도 물론 중요하다. 하지만, 동업에서 가장 중요한 가치는 동업자들이 경영자 마인드를 함께 공유하는 것이다. 사실 수많은 동업관계가 이 부분에서 충돌하고 분쟁을 발생시키곤 한다. 경영자 마인드가 서로 너무 강하여 의견충돌이 있는 경우도 있지만, 반대로 한쪽의 경영 마인드가 전혀 존재하지 않아 사실상 한 사람이 사업을 이끌어가는 경우도 상당히 많다.

그러므로 동업을 한다면, 굳이 동업자에게 호의를 베풀어 가면서 혼자 동업을 이끌 필요는 없다. 항상 공동으로 경영하고, 공동으로 책임을 진다는 마인드가 있어야 한다.

돈 문제는 시간이 지나면 꼬이기 마련이다

아마 대부분의 동업문제는 돈 때문에 발생한다고 해도 과언이 아닐 것이다. 당연한 이야기지만, 동업자금을 관리하고 소비하는 것은 매우 투명하게 이루어져야 한다. 여러 사람의 돈이 한 데 뭉쳐있는 것이 바로 동업자금이기 때문에, 자금이 들어오고 나가는 매 순간마다 신중을 기하여 기록하고 또 공유하여야 한다. 만일 이런 프로세스가 없다면, 동업자 중 한 사람의 단순 의혹제기만으로도 동업체는 상호 간 신뢰를 순식간에 잃어버릴 수 있다.

필자가 접하는 동업분쟁의 면면들을 살펴보면, 의외로 많은 동업자들이 동업자금 관리에 큰 관심을 갖지 않는다는 사실을 발견할 수 있었다. 더 놀라운 점은, 동업자금을 동업자 한 사람의 명의로 관리하는 경우도 적지 않았다는 것이다. 동업용 사업자통장을 새로 만들지 않은 채, 동업자 중 한 명이 기존에 사용하던 개인통장을 사업 통장으로 전용하는 경우가 대표적이다. 법인 형태로 동업하는 경우에도 마찬가지이다. 법인계좌를 만들어 놓고 정작 동업자 중 한 사람만이 계좌에 대한 접근

권한을 독점함으로써 다른 동업자는 동업자금의 입출금내역을 전혀 알지 못하는 경우가 수두룩하다.

대체 왜 그러는지 궁금해서 필자가 물어보면, '장부를 작성하니 문제없다', '나중에 확인해보면 되니 괜찮다', '회계를 내가 잘 못해서 서로 역할 분담을 한 것이다'라는 등의 대답이 돌아온다.

그러나 현실은 냉혹하다. 동업자 중 누군가가 제아무리 장부를 성실히 작성한다고 치더라도 그것이 실제 입출금 내역과 완벽히 일치한다고 누가 보장할 것인가. 더구나 동업자가 이미 동업자금을 전부 빼돌리고 잠적한 뒤라면, 그 돈을 받아내기 위하여 상당한 비용과 시간을 써야 한다. 심지어 돈을 빼돌린 동업자가 소위 파산을 해버림으로써 동업자금을 영원히 못 돌려 받을 가능성도 배제할 수 없다. 소 잃고 외양간 고치는 격이 될 수 있다는 뜻이다.

동업관계에서 돈을 둘러싼 분쟁양상은 이 책 전반에서 두루두루 다루어질 것이지만, 굳이 목차를 따로 내어 쓰는 이유는 '별도로 동업계좌를 개설하여 동업자들이 모두 볼 수 있도록 하는 행위' 그 자체가 얼마나 중요한지를 다시 한 번 설파하기 위해서다.

예를 들어보자. 영희 씨는 SNS를 통하여 필라테스계에서 유명한 인사가 되었다. 이런 유명세를 업고 영희 씨는 자신의 이름을 건 필라테스샵 브랜드를 런칭하고 전국에 지점을 내게 되었다. 영희 씨가 전국에 지점을 내는 형태는 모두 동업의 형태였는데, 가령 영희 씨가 브랜드와 경영 노하우, 그리고 소정의 자금을 출자하면, 지점을 운영하려는 동업자는 지점 설립에 필요한 자금 및 지점 운영에 필요한 노무를 출자하고,

이로써 결성된 동업체의 수익은 사전에 정해진 비율대로 영희 씨와 동업자가 나누어 가지는 방식이었다.

그런 영희 씨를 동경하고 있던 사람이 있었으니, 바로 영희 씨와 십 수년지기 친구 사이였던 정숙 씨였다. 정숙 씨는 영희 씨에게 필라테스샵을 운영하고 싶다고 하였고, 영희 씨는 정숙 씨에게 다른 지점보다 훨씬 저렴한 비용으로 지점을 설립할 수 있도록 도와주었다.

구체적으로, 영희 씨와 정숙 씨는 동업계약을 맺어 A지점을 런칭하기로 하였고, A지점 설립에는 총 1억 원가량의 자금이 투입될 것으로 예상되었다. 영희 씨는 20% 지분을 가지기로 하고 2천만 원을, 정숙 씨는 80% 지분을 가지기로 하고 8천만 원을 각 출자하였다. 그리고 정숙 씨의 출자금은 영희 씨가 지정하는 영희 씨 개인 명의의 계좌로 입금되었다. 대신 A지점의 수익은 정숙 씨 개인 명의의 계좌로 입금되어 정숙 씨가 관리하기로 하였다.

정숙 씨는 A지점에 상주하면서 고객을 응대하였고, 필라테스 이외에도 PT, 요가 등 다른 수업에 필요한 강사들을 고용하였다. 전국적으로 퍼스널 트레이닝 바람이 불면서 A지점에도 사람들이 많이 몰리기 시작하였고, 정숙 씨는 굳이 자신이 A지점에 없더라도 운영이 잘 될 것 같다는 엉뚱한 생각을 하게 되었다. 그래서 정숙 씨는 A지점의 고객응대를 강사들에게 맡기고, 자신은 다른 곳에 카페를 차려 두 개의 사업을 병행하기 시작하였다.

하지만 세상에 공짜는 없는 법. 정숙 씨가 A지점에 상주하지 않자 매장 경영은 점점 엉망이 되었다. 고객응대를 담당하는 사람도 없었고,

강사들은 자신의 수업을 듣는 수강생에만 집중할 따름이었다. 청소나 집기류 관리도 부실했고, 일관된 체계가 없다 보니 좁은 공간에 여러 강사의 강습이 겹쳐 운영되면서 고객들의 항의가 빗발쳤다.

결국 A지점에 등록된 회원수는 몇 개월 사이 눈에 띄게 줄게 되었다. 심지어 강사가 제 시간에 오지 않거나, 환불도 없이 잠적하는 경우도 생겨나면서 A지점을 찾는 사람들의 발길은 점차 뜸해지게 되었다. 뒤늦게 이 사실을 알게 된 정숙 씨는 최근 매출 추이를 살펴보았다. 이대로라면 투자금 회수는커녕, 적자가 생길 판이었다. 그래서 정숙 씨는 A지점 매출을 고의로 축소하여 본사에 신고하기로 마음먹었다. 영희 씨에게 나눠 줘야 할 돈이라도 더 아껴볼 심산이었다.

그런데 이 사실을 본사가 모를 리가 없었다. A지점 매출이 다른 지점에 비하여 급감하는 것을 이상하게 여긴 영희 씨가 정숙 씨에게 일단 만나서 이야기를 하자고 했다. 그렇게 십 수년지기 친구였던 둘은 어느새 동업자 관계로서 어색한 공기 속에 서로를 마주하게 되었다. 영희 씨는 조심스럽게 자초지종을 묻게 되었고, 정숙 씨는 자신도 이 상황을 이해하기 어렵다는 식으로 변명하였다. 이에 영희 씨는 의심이 더욱 커져만 갔다. 결국 영희 씨는 A지점에 대한 감사를 진행했고, 그 결과 정숙 씨가 지점에 상주하지 않는다는 점뿐만 아니라 매출을 고의로 누락하였다는 점까지 모두 알게 되었다.

영희 씨는 몹시 화가 났다. 하지만 정숙 씨에게 한 번 더 기회를 주기로 마음먹었다. 최대한 누그러진 어조로 정숙 씨가 한 잘못을 되짚으며 개선을 요구했다. 그런데 정숙 씨는 그 상황이 너무나도 자존심이 상했다. 돈도 자신이 훨씬 많이 냈고 일도 훨씬 많이 했는데, 영희 씨는 그저 브랜드 파워로 자신의 수익을 가져가고 있으면서 자신의 근태까지 나무라고 있으니, 친구 사이에 너무하다는 생각만 커져갈 따름이었다. 그때였다. 앙심이 생긴 정숙 씨에게 순간 머릿속을 스쳐지나가는 의구심이 하나 있었다. '과연 영희는 자신이 내기로 했던 2천만 원을 냈을까?'

정숙 씨는 A지점을 되살릴 생각보다 영희 씨에 대한 원망만이 앞섰다. 그래서 지점 관리는 뒷전으로 하고, A지점에 소요된 인테리어, 집기 등 비용을 역추적해보았다. 그랬더니 A지점 설립에 필요할 것으로 예상되던 1억 원보다 훨씬 더 적은 비용이 계산되었다. 심지어 자신이 출자한 8천만 원에도 못 미치는 비용으로 A지점이 설립된 것 아니냐는 합리적 의심까지 들게 되었다. 이를 악문 정숙 씨는 결국 영희 씨에게 소송을 하기로 결심하였다. 영희 씨가 지금까지 출자금을 한 푼 안 내고 자신의 수익의 20%를 받아갔다고 생각했던 것이다.

영희 씨는 정숙 씨가 소송까지 걸어오자 몹시 당황하지 않을 수 없었다. 하지만, 이미 소송의 당사자가 된 영희 씨로서는 자신 또한 2천만 원의 자금을 A지점 설립에 투입하였다는 점을 입증하여야 했다.

그런데 문제는 계좌였다. 정숙 씨가 출자한 8천만 원과 영희 씨가 지출한 2천만 원은 모두 영희 씨 개인 계좌에 뒤섞여 있었다. 즉, 해당 계좌에서 어떤 지출이 영희 씨의 돈으로 이루어진 것인지, 어떤 지출이 정숙 씨의 돈으로 이루어진 것인지 확인할 길이 없었다.

결국 영희 씨는 A지점 설립에 1억 원 이상이 소요되었고, 그 자금이 모두 자신의 계좌에서 지출되었다는 점을 입증하는 방법으로 자신의 출자의무를 간접적으로나마 소명할 수밖에 없었다. 하나의 사업자 계좌를 따로 만들어서 각자가 2천만 원, 8천만 원을 이체하였으면 간단했던 문제를 너무도 어렵게 풀어가야만 했던 것이다.

심지어 정숙 씨는 영희 씨가 제시하는 A지점 설립 비용에 대해서도 계속해서 이의를 제기하고 있었다. 가령, 영희 씨가 운동기구를 구입한 내역을 제출하면, 정숙 씨는 그 운동기구가 A지점이 아닌 다른 지점에 제공된 것일 수도 있다고 의혹을 제기하는 식이었다. 그도 그럴 것이, 영희 씨는 A지점 말고도 너무나도 많은 지점들을 운영하고 있었다. 영희 씨는 A지점에 들어간 비용과 그 비용의 실제 집행내역을 하나하나 모두 입증하여야 하는 불필요한 작업에 매달리게 되었다.

그렇게 십년지기 친구였던 두 사람은 소송전을 거치면서 다시는 보지 않을 원수 사이가 되었다. 영희 씨도 정숙 씨에게 고의로 누락한 미지급 정산금을 내놓으라고 반소를 제기하였고, 정숙 씨는 영희 씨가 아무런 출자도 하지 않은 채 수익만 가져갔다는 믿음을 끝까지 버리지 않았다.

이 사례는 동업체에서 돈 관리가 얼마나 중요한지 보여주는 단적인 예라고 할 수 있다. 동업에서 출자금이란 회사로 따지면 자본금과도 같은 존재이다. 따라서 그 출자금이 약속한 대로 모두 모였다는 점을 언제든지 입증할 수 있어야 한다. 그런데 출자금을 동업자 중 1인이 기존에 쓰던 개인계좌로 받아버리면 이러한 증명이 너무나도 복잡해진다. 왜냐하면, 보통 자신의 개인계좌로 출자금을 받은 동업자는 그 계좌에 원래 있던 돈으로 자신이 출자를 하였다고 생각하지, 별도로 출자금을 다른 곳에서 구해와 그 계좌에 다시 넣거나 하지는 않기 때문이다. 그런데 다른 동업자들 입장에서는 저 사람이 정말 출자를 한 것인지 알 길이 없기 때문에, 자금의 집행내역에 예민해질 수밖에 없다.

사실, 시간이 흐르다보면 동업자 간에서도 동업계좌를 보여달라는 요구가 점차 빈번하게 일어난다. 그런데 개인계좌를 동업계좌로 사용하면 또 다른 문제가 발생한다. 바로 사생활 침해의 문제이다. 동업계좌와 개인계좌가 한 데 뒤섞여 있다 보니, 동업에 관련된 입출금 내역과 개인적으로 입출금한 내역도 뒤섞인채로 존재하게 된다. 그래서 동업계좌를 보여주려면 자신이 사적 용도로 사용한 거래내역까지 동업자들에게 일일이 전부 공개하게 되고, 누군가는 이러한 모습이 매우 꺼림칙해 보일 수도 있다. 그래서 어떤 사람은 동업과 관련된 지출내역만 따로 엑셀이나 표로 정리하여 동업자들과 공유하기도 한다. 하지만 이미 의심을 가지기 시작한 다른 동업자들은 그 표마저도 조작되었을 것이라는 생각을 가지게 된다. 결국 통장을 보여주니 마니 하는 식의 다툼으로 시작해, 동업을 그만두니 마니 하는 결론으로 나아가게 된다.

한편, 동업자 전체가 모두 사용할 수 있는 공동계좌를 설립하자니 이것도 문제가 있다. 일단 누구나 입출금이 가능한 형태의 공동계좌는 오히려 동업자금 관리의 리스크를 더 키울 수도 있다. 여러 명이 계좌를 관리하면 그 중 단 한 명의 일탈만으로도 동업체가 무너질 수 있기 때문이다. 또한, 공동계좌는 처분 시 명의인 전원의 동의를 필요로 하는 등의 불필요한 행정절차도 존재할 수 있다. 즉, 한 명이 비협조적 태도로 나오면 계좌 운영에 차질이 발생할 수도 있다는 것이다.

그렇다면 어떤 방법이 가장 좋을까? 필자가 생각하기에는 동업자 중 회계담당자를 한 명 지정한 다음, 그 회계담당자로 하여금 신규 통장을 개설 및 관리하도록 하는 게 가장 좋다고 본다. 그리고 동업계약서를 작성할 때 다른 동업자의 요구가 있으면 그 통장내역을 즉시 공유하도록 하고 이를 거부하면 위약벌 등을 물려 간접 강제함이 타당하다고 생각한다. 그렇게 되면 너나 할 것 없이 출자금이 약속대로 들어왔는지 쉽게 확인할 수 있고, 또한 그 통장을 통하여 오간 자금들의 내역도 언제든지 쉽게 알아볼 수 있으므로, 1석 2조라고 할 수 있다.

아울러, 이렇게 동업 통장을 운영하면 앞서 본 사례에서 나타난 수익 누락의 문제도 충분히 해결할 수 있다. 앞선 사례는 영희 씨 계좌로 출자금과 비용이 혼용되면서 분쟁이 발생했지만, 한편으로는 정숙 씨 명의 계좌로 A지점 수익이 모두 입금되면서 정숙 씨가 수익분배를 임의로 조작할 수 있는 문제도 지니고 있었다.

이처럼 돈 문제는 시간이 지나면 반드시 꼬이게 되어 있다. 그러므로 동업 전용 계좌를 만들고 수시로 동업자들이 이를 들여다볼 수 있도록 상호 합의를 해두는 편이 좋다. 특히나 회계 담당자는 금고지기가 아니다. 회계라는 업무를 분담하는 동업자일 뿐이므로, 나머지 동업자들은 동업 계좌의 자금 흐름을 자주 들여다보는 것을 게을리 하지 말아야 할 것이다.

때로는 강력한 리더가 필요할 수 있다

동업을 할 때 또 한 가지 크게 문제되는 점은, '사람마다 개성과 능력이 너무 다르다'는 것이다. 누군가는 성실하고, 누군가는 똑똑하고, 누군가는 그저 심성이 착하기만 할 수도 있다. 그런데 동업은 엄연히 사업이고, 감정적으로 풀어나갈 요소가 원칙적으로는 존재하지 않는다. 그렇기 때문에 동업을 시작할 때 서로 업무를 분배하는 것부터 삐걱거릴 때가 굉장히 많다.

사실, 동업은 하나의 사업을 여러 명이서 함께 하는 것이기 때문에 다양한 목소리가 매번 나올 수밖에 없다. 간판을 무엇으로 할지, 어떤 사람을 뽑을지, 마진율을 얼만큼으로 정할지, 점포 위치는 어디로 할지, 인테리어 컨셉은 어떻게 할지, 벌써부터 머리가 아프다. 특히나 서로 동종업계에서 꽤 경력을 쌓은 사람들이라면 더욱 그렇다. 자신의 말이 맞는 것 같은데, 일단 동업하기로 했으니 상대방 말을 따르기로 하다가, 조금이라도 잘못되면 상대방을 엄청 탓하기 시작하고, 그렇게 다툼이 반복된다.

때문에, 여러 명이 모여서 팀워크를 발휘해야 하는 형식의 업무수행에 있어서는 반드시 팀 리더가 필요하다. 리더가 모든 결정권을 쥐어야 한다는 것이 아니다. 최소한 여러 사람의 의견을 조율하는 역할을 할 수 있어야 하고, 나아가 어떤 주제에 대한 동업자들의 의견이 가부동수일 경우 최종 선택권을 가지는 역할도 할 수 있어야 한다. 이 경우 리더는 더욱 큰 책임을 질 줄도 알아야 한다. 혼자만의 사업이 아니기 때문이다. 여러 명의 돈과 시간이 투입된 사업을 자신의 최종 의사대로 운영을 할 것이라면 손해에 대한 책임도 더 크게 져야 할 것이다.

이러한 리더의 존재감과 영향력은 3인 이상 조합체에서 두드러지게 나타난다. 만일 리더가 누구인지 정확하지 않다거나, 리더가 있더라도 그가 동업체 의사결정 과정에 전혀 영향력이 없다면, 그때부터 동업체는 시한 폭탄을 안고 달리기 시작한다. 예를 들어 보자.

영희 씨, 정숙 씨, 순자 씨는 노래방을 함께 차리기로 하였다. 이들은 모두 동종업계에서 꽤 오랫동안 일해 온 사람들이었기 때문에, 그 누구보다 노래방 영업에 많은 지식과 노하우를 가지고 있다고 서로 자신하고 있었다.

여기서 잠깐 이들의 성격을 소개하자면, 영희 씨는 자존심이 강하지만 다툼을 회피하려는 성격이었고, 정숙 씨는 누구에게도 지지 않으려는 소위 말해 기가 조금 센 편이었다. 순자 씨는 영희 씨와 정숙 씨가 정하는 대로 따르겠다는 순종적인 성격이었다.

처음에 영희 씨는 정숙 씨의 심기가 불편하지 않도록 최대한 정숙 씨의 의견을 들어주었다. 점포위치를 정할 때도 정숙 씨의 의견을 최대한 반영하였고, 가게 인테리어 디자인이나 메뉴 선정, 가격 설정 같은 초기 세팅 부분에서도 정숙 씨 의견에 큰 이의를 삼지 않았다. 문제는 업무와 회계를 관리하는 방법, 즉 경영방식에 대한 인식 차이에서 시작되었다.

먼저, 영희 씨는 자신이 가장 많은 출자금을 내었으니 다른 동업자들은 몸으로라도 더 부지런히 움직여야 한다고 생각하였다. 가령 정숙 씨나 순자 씨가 카운터 업무를 더 오랫동안 본다거나, 장부관리를 책임져야 한다는 입장이었다. 그러나 정숙 씨는 즉각 반발했다. 출자금 비율대로 수익분배비율이 정해졌기 때문에 오히려 수익을 더 많이 가져가는 영희 씨가 근무 또한 더 많이 하여야 한다고 주장하였다. 순자 씨는 내심 정숙 씨의 말에 동조하였고, 지나가는 말로 공평하게 수익분배비율을 나눠서 공평하게 업무를 보자는 말을 종종하기 시작하였다.

일단 영희 씨가 한 발 물러서기로 하였다. 수익분배비율은 출자금 비율대로 정하되, 근무는 공평하게 나눠서 돌아가며 하는 것을 제안하였다. 정숙 씨와 순자 씨도 사업 초기에 서로 관계가 나빠지는 것은 좋지 않다고 생각하여 영희 씨의 말을 따르기로 하였다. 그렇게 이들의 다툼은 일단락되는 듯했다.

다행히 사업은 번창하였고, 손님들이 많아지자 신경 쓸 것도 많아졌다. 식음료 등 재고를 관리하고 발주를 넣는 것도 일이었다. 외상 손님도 많아져서 미수금도 정리를 해야 했고, 현금으로 결제하는 경우에는 별도로 시재를 기록하고 보관할 방법을 찾아야 했다. 그런데 근무를 돌아가면서 하다 보니 자꾸만 실수와 누락이 반복되기 시작하였다.

가령, 영희 씨가 근무하면서 재고를 파악하고 부족한 재고를 정숙 씨에게 알려주면, 정숙 씨는 이를 이어 받아 영희 씨가 알려준 부분만 발주를 넣었다. 하지만 영희 씨가 실수로 재고 파악을 누락한 부분이 있었고, 정숙 씨는 이를 모른 채 순자 씨에게 근무를 넘겨주었다. 그러면 실제 순자 씨가 근무를 할 때는 정작 필요한 물건이 바닥나 있어 판매를 하지 못하는 경우가 생겼다. 한 명의 실수가 모두에게 영향을 미치는 것이었다.

이들은 문제가 생길 때마다 그 문제를 책임져야 할 사람을 색출하는 데 많은 시간을 들였다. 그리고 문제를 만든 사람이 그로 인한 영업 손해를 메꾸는 것으로 문제를 해결하였다. 영업 손해가 실제 얼마인지는 정확하게 측정할 수 없었지만, 대략적으로 평균 매출에 근거하여 손해액을 정하는 식이었다.

그럼에도 실수는 계속해서 반복되었다. 그러다보니 이제 서로 책임을 떠넘기기 시작하였다. 영희 씨는 자신이 분명 제대로 알려주었다고 하고, 정숙 씨는 영희 씨가 제대로 안 알려줘서 대응을 제대로 못하였다고 주장하였다. 증거는 없었다. 순자 씨는 이러한 영희 씨와 정숙 씨 때문에 자신이 근무할 때마다 손님이 끊기고, 그래서 단골 손님 유치도 어렵다며 이들더러 어떻게 책임을 질 거냐고 목소리를 높이기 시작하였다.

그래도 사업은 돌아가고 있었다. 직원도 더 많아졌고, 마케팅도 잘 되어서 손님은 계속 늘어났다. 몇 가지 실수만 제외하면 세 사람은 베테랑이었다. 이제는 누구 탓을 할 겨를도 없었고 남의 실수를 자신이 알아서 메꾸고 넘어가야 했다. 그러다 보니 비효율적인 구조가 탄생하기 시작하였다. 서로가 알려주는 정보를 그대로 믿지 못하였고, 이들은 직접 가게의 모든 현황을 각자가 따로 파악하기 시작하였다.

결국 이들은 크게 한 번 격돌을 하게 되었다. 이들의 불화가 폭발하게 된 계기는 회계장부였다. 서로가 알고 있는 재고, 사입액, 매출액이 제각각이었고, 회계장부도 세 사람이 돌아가면서 쓰다 보니 어디서부터 무엇이 누락되고 잘못된 것인지 파악조차 되지 않았다. 돈 문제가 수면위로 드러나자 이들은 서로 물러설 생각이 없었다. 수익분배비율이 가장 적었던 순자 씨가 먼저 나섰다. 순자 씨는 영희 씨나 정숙 씨가 현금으로 받은 매출을 회계장부에 제대로 올리지 않은 것 아니냐고 따져 물었다. 영희 씨와 정숙 씨는 근거 없이 자신들을 호도한다며 열을 냈다. 이 와중에 정숙 씨는 영희 씨가 실수만 반복하고 돈은 제일 많이 가져간다면서 자신들이 입은 손해를 배상하여야 한다고 주장하였다. 영희 씨는 자신만 실수를 한 것도 아니고, 애당초 처음부터 약속한 분배비율을 이제 와서 트집잡는 정숙 씨가 얄미웠다. 그도 그럴 것이, 영희 씨는 사업 초창기에 정숙 씨 의견을 최대한 배려해주었던 기억이 남아 있었기에, 정숙 씨에게는 배신감도 들 지경이었다.

서로 반목과 불화가 심화되자 업무 인수인계도 제대로 되지 않았고, 가게 영업은 점점 엉망으로 돌아가게 되었다. 영희 씨나 정숙 씨, 순자 씨 그 누구도 먼저 나서서 가게를 지키려고 하지 않았다. 어차피 자신에게 돌아오는 몫은 정해져 있는데, 남 좋은 일 시킬 이유가 뭐가 있냐는 생각이었다. 상황은 악화되었고 세 사람은 각자 갈 길을 찾아가는 게 더 낫겠다는 생각을 하기 시작하였다. 그렇게 이들의 동업은 얼마 가지 못해 끝이 났다.

생각해보면, 사실 세 사람 모두 동업을 위해 애를 많이 썼었다. 영희 씨는 가장 많은 돈을 출자하였고, 정숙 씨는 초기 세팅에 심혈을 기울였다. 순자 씨는 수익분배비율이 가장 적음에도 남들만큼 열심히 일을 하였으며, 이들은 이미 출자금을 상회하는 이익을 얻은 상태였다. 만약 이들이 조금 더 결속력 있게 오랫동안 동업을 했다면 엄청난 이익을 얻을 수도 있었을 것이다. 하지만, 제각각 발산되는 이들의 개성은 하나로 묶이지 못한 채 흩어지게 되었고, 결국 이들의 시너지 효과도 한군데로 모이지 못한 채 소멸하고야 말았다.

이렇듯, 동업이 정상적으로 유지되려면 동업자들의 의견을 절충하고 조율하는 역할이 필요하다. 조율이 되지 않는다면 최종 의사결정을 할 수 있는 사람이 있어야 한다. 물론, 리더의 일방적 결정을 제한하여야 하는 경우도 있을 것이다. 가령, 동업자 중 한 명을 제명시킨다든지, 새로운 동업자를 받는다든지, 사업장을 옮기거나 리모델링하는 등의 굵직한 의사결정은 동업자 전원의 동의로서 이루어져야 하는 게 상식적으로 타당하다.

그러므로 여러 명이서 동업을 할 것이라면, 일단 어떤 사항을 전원의 동의로 할 것인지, 어느 정도 수준의 일상적 의사결정을 리더에게 일임할 것인지 등과 같은 구체적인 의사결정 시스템을 마련해 두는 것이 무엇보다 중요하다. 또한, 리더가 된다고 해서 반드시 좋을 것도 없다. 권한에는 책임이 따르기 마련이다. 리더는 자신이 결정한 사항에 책임을 져야 한다. 부실한 리더십은 오히려 다른 동업자에 비해 쉽게 제명이 되는 근거가 될 수도 있다.

위 사례에서 만일 세 사람 중 어느 한 명이라도 일처리 방식에 대한 결정권을 가지고 있었다면, 적어도 서로가 서로를 믿지 못하는 상황은 발생하지 않았을 것이다. 사업상 발생하는 각종 문제점을 어느 한 동업자에게 일임을 하고, 그 일임을 받은 동업자가 문제를 해결하도록 놓아두는 것이 오히려 동업관계를 오랫동안 유지하는 방법 중 하나가 될 수 있다.

끝으로, 동업자가 만일 단 둘이라면 리더십의 문제는 보다 신중한 접근이 필요하다. 어느 한 동업자가 다른 동업자를 하수인처럼 부려먹는 일이 발생할 수도 있기 때문이다. 이런 경우에는 서로가 각자 자신있는 분야에 각자 결정권을 가지는 식으로 상호 견제와 조화를 모색해볼 수 있다.

사실 동업자 간 여러 목소리를 조율하고 모두에게 불만이 생기지 않게끔 결과를 도출하는 것은 매우 어려운 일이다. 하지만 동업은 '나만의 사업'이 아니라 '공동의 사업'임을 늘 되뇌어야 한다. 모두가 만족하지 못하더라도 사업에 가장 도움이 되는 길이라면 그 길을 가야 하는 게 타당하다. 동업자 중에 이러한 길잡이 역할을 훌륭하게 해낼 사람이 있다면, 그 동업체는 분명 대성할 것이라고 누구나 예상할 수 있을 것이다.

역할은 공평하고 분명하게 구분되어야 한다

여러 사람이 모여서 일을 하다보면 역할 분담이 자연스럽게 이루어질 수밖에 없다. 대표적인 역할분담 방식이 바로 요일을 정해 돌아가면서 사업체를 운영하는 것이다. 요즘에는 영업, 회계, 개발, 운영 등 파트를 나누어 담당하는 경우도 많아지고 있다.

보통 역할분담은 각자가 그나마 제일 잘할 수 있는 분야를 도맡는 방식으로 이루어진다. 경제학 서적에서 가끔 나오는 말인데, 비교우위라는 개념이 있다. 가령, 교수가 조교보다 타자를 훨씬 빨리 친다고 해서 교수가 타자를 치고 조교가 강의를 하는 것은 비효율적일 것이다. 교수는 자기가 제일 잘할 수 있는 강의를 하고, 조교는 제일 잘할 수 있는 타자를 치는 것이 효율성을 극대화하는 방법이 된다. 동업관계에서도 마찬가지다. 무조건 정량적으로 공평하게 역할을 나눌 것이 아니라, 사람마다의 능력과 개성을 고려하여 상대적으로 공평하게 역할을 나누어야 한다. 그리고 각자에게 나누어진 역할은 분명하고 구체적으로 표현될 수 있어야 한다. 예를 들어 살펴보자.

철수, 영희, 경수, 정숙 씨는 네 명이서 돈을 모아 고급 위스키 바를 차리기로 했다. 원래 철수 씨가 위스키를 시중보다 저렴하게 구할 수 있는 능력이 있었는데, 이를 알게 된 나머지 3명이 자본금 마련을 도와주면서 자연스럽게 동업이 시작되었던 것이다. 그런데 사실 철수 씨를 포함한 그 누구도 고급 위스키 바를 운영해본 적이 없었다.

철수 씨는 자연스럽게 위스키를 구입하는 업무를 도맡게 되었다. 철수 씨는 외근을 주로 하였고, 이에 위스키 바 운영은 나머지 세 명이 담당하게 되었다. 일단 본업이 있는 영희 씨는 퇴근 후 바에 들려 고객 응대도 하고 회계를 정리하기로 했다. 경수 씨와 정숙 씨는 조리와 고객 응대를 번갈아 하기로 하였다. 이들의 동업은 처음부터 나름 체계가 정해져있는 듯했다.

하지만 바를 오픈한 첫 날부터 혼란 그 자체였다. 마케팅을 누가 할지 정하지 않아서 4명이 돌아가며 전단지를 돌렸고, 인사업무를 누가 담당할지 정하지 못해서 4명이 돌아가며 아르바이트생 면접을 보았다. 블로그를 작성하고 꾸미는 업무라든지, 신규오픈 행사 이벤트를 무엇으로 할지에 대해서도 서로 감이 잡히는 게 없었다.

그래도 일단 손님이 들어오긴 하였는데, 누가 주방에 들어가고 누가 바에서 손님을 응대할지 야단법석이었다. 어찌해서 경수 씨가 주방에 들어갔는데, 한 번 주방에 들어가다 보니 계속해서 들어오는 주문에 주방에서 빠져나올 틈이 없었다. 반면 정숙 씨는 편안하게 바에 앉아 손님들을 응대하였고, 늦게 온 영희 씨도 이에 합세하여 손님들을 맞이하였다. 회계 정리는 영희 씨 몫이었기 때문에 손님 결제는 영희 씨가 도맡았고, 마감을 하고 나면 영희 씨가 장부를 작성하고 가장 늦게 퇴근하였다. 그때까지 경수 씨는 주방에 있어야 했고, 철수 씨는 처음부터 보이지도 않았다.

불과 며칠이 지나지 않아 내부적으로 불만이 나오기 시작하였다. 누구는 업장에 나오지도 않는다고 불만이었고, 누구는 늦게 와서 잠깐 있다가 간다고 불만이었다. 누구는 자기가 맨날 마감을 하느라 제일 늦게 퇴근한다고 불만이었고, 누구는 자기 혼자 힘든 주방일만 도맡아 하는게 맞냐며 불만이었다. 특히, 이러한 불만의 중심에는 정숙 씨가 있었는데, 별로 하는 것도 없이 손님과 술 마시는 게 다라면 어떻게 하냐는 식으로 동업자들의 질타를 집중적으로 받았다.

정숙 씨는 억울했다. 정 그럴 거면 자기가 주방에 들어가겠다고 했다. 철수 씨도 나와서 서빙이나 청소 등을 도와주기로 했다. 원래 처음부터 완벽할 수는 없기 때문에 이렇게 서로 맞춰나가면서 타협하면 언젠가는 사업이 안정될 것이라고 서로 생각했다. 이들은 다시 한 번 의기투합하여 사업을 키워 나가기로 하였다.

그러나 문제는 계속 발생하였다. 철수 씨는 사실상 자기 덕분에 사업이 시작된 것이라고 생각했는데 정작 업장에 나와 허드렛일만 하는 것이 싫었고, 정숙 씨의 조리 솜씨는 형편이 없어서 고객들의 불만이 자꾸만 쌓이게 되었다. 그렇다고 경수 씨가 고객 응대를 잘 하는 것도 아니었고, 오히려 자신의 친구들만 잔뜩 데리고 와 공짜 술만 먹이고 늘 취하기에 바빴다. 영희 씨는 무슨 일인지 자꾸만 야근이 생겼다면서 사업장에 제때 나오는 일이 점차 줄어들었고 따라서 회계정리가 제대로 되지 않기 시작했다.

결국 폭발은 첫 정산 때부터 발생했다. 이들은 지분을 공평하게 나누어 가지기로 하였는데, 그 누구도 자신의 지분 비율이 정당하다고 생각하지 않았던 것이다. 철수 씨는 자신이 사업의 핵심적 역할을 하는데다 허드렛일까지 하므로 정산을 더 많이 받아야 한다고 주장하였다. 사람들은 영희 씨가 하는 일이 제일 적다면서 자신들과 똑같이 가져가는 것은 부당하다고 하였다. 영희 씨는 본업까지 마치고 여기에 와서 일하는 사람은 자신뿐이고, 그 힘든 상황에서도 늦게까지 남아 마감을 하는 자신에게 그런 식으로 말하는 것은 서운하다며 일을 그만두겠다고 하였다. 경수 씨와 정숙 씨는 주방과 고객응대가 엉망이었던 점을 서로 탓하면서 싸우기 시작했다.

동업의 한계를 여실히 보여주는 사례였다. 사실, 자신이 일한 만큼 수익을 공평하게 분배받은 것이 맞는지에 대한 평가는 한 개인의 주관적 의사에 달려있다. 때문에 동업수익의 정산 단계에서는 수많은 개인의 주관적 의사를 조율하고 통제할 수 있어야 한다. 그래서 처음부터 공평하고 명확하게 역할분담을 해야 하고, 그 역할이 동업체의 운영에서 지니는 중요도, 기여도, 난이도, 숙련도 등을 종합적으로 고려하여 각자의 수익분배비율을 미리 정해두는 게 필요한 것이다.

처음부터 이를 정하기가 어렵다면, 적어도 최소 몇 개월 동안은 상호 합의로서 이를 유연하게 변경할 수 있도록 약속이라도 해두어야 한다. 남 탓하지 않기, 나만 고생한다고 생각하지 않기, 문제가 된다면 서로 원만하게 합의하여 다시 정하기 등등. 어찌보면 어릴 적 놀이터에서 서로가 암묵적으로 가졌던 규칙과도 같은 것이다. 그런데 어른이 되면 이 암묵적 규칙을 인정하는 것이 생각 외로 힘들 때가 많다. 그래서 어른이 되어서도 이 암묵적 규칙을 처음부터 명시해둘 필요가 있는 것이다.

위 사례로 다시 돌아가보자. 철수 씨는 자신이 가지고 있는 능력이 얼마나 이 사업체 운영에 중요한 것인지를 동업자들에게 명확히 인식시켰어야 했다. 그래서 사업장에 굳이 나오지 않더라도 충분한 기여를 한다는 점을 잘 설명하고, 실제로 사업장 밖에서는 양질의 주류를 저렴한 가격에 매입할 수 있도록 거래처 관리 등 실질적 노력을 하고 있다는 점을 보여줌으로써 자신의 역할이 무엇인지, 그리고 그 역할에 맞는 공평한 지분은 무엇인지를 논의했어야 했다.

영희 씨는 자신이 소위 '투잡'을 뛰고 있다는 점을 인정하면서, 자신이 절대적 시간으로는 부족하지만 남들이 하기 힘들어 하는 일을 늦게까지 남아 한다는 점을 동업자들에게 주기적으로 인식시켜야 했다. 또한, 본업의 야근 때문에 동업체 일을 하지 못할 경우에는 어떠한 방식으로 추가적인 헌신을 할 것인지 그 대안도 제시할 수 있어야 했다.

정숙 씨는 애당초 자신이 요리에 솜씨가 별로라는 점을 인정하고, 최대한 고객응대에 집중하겠다고 솔직하게 얘기하는 편이 오히려 좋았다. 손님이 없는 시간에는 자신이 전단지도 돌리고, 인터넷 블로그도 운영하면서 고객모집에 최선을 다하겠다고 당당하게 얘기했다면, 다른 동업자들로부터 편하게 돈 번다는 비아냥은 최소한 받지 않았을 것이다.

경수 씨는 이 사업을 할 때 자신이 어떤 파트를 책임지고 어떤 구역을 담당할 것인지 정했어야 했다. 그리고 만일 경수 씨가 헤매고 있다면 다른 동업자들이 이를 정해주었어야 했다. 간단한 요리를 경수 씨가 책임지고, 사업장 내 음식 주문시간을 제한해두며, 그 밖에 시간에는 설거지, 청소, 고객응대 등 백업 업무를 경수 씨가 도맡아 하는 것으로 정리했다면, 경수 씨가 친구들을 데려와 매번 만취하는 일은 적어도 없었을 것이다.

사실, 사업을 어느 정도 수행하고 난 뒤에 비로소 알게 되는 것이 업무 분장의 문제점이다. 따라서 이를 처음부터 정확하게 나누어 역할을 나누고, 이에 알맞게 지분을 분배한다는 것은 거의 신의 영역에 가깝다. 그러나 최소한 동업체가 오래 유지되려면, 각자가 이 사업체에서 어떤 역할을 하게 될 것인지 정도는 분명히 할 필요가 있다. 운영을 도맡아 하고 싶다면 어떻게 운영할 것인지, 아이디어나 거래처를 제공하는 정도라면 그 중요도를 동업자들이 어떻게 보고 있을지, 당장 잘 하는 게 없다면 어떤 일부터 시작해야 동업자들로부터 인정을 받을 것인지, 다 같이 논의를 해야 한다.

본래 사람은 애매한 책임과 역할을 쥐어주면 그 역할에 소극적이 될 수밖에 없다. 정체성 측면에서 바라보더라도, 동업체 속 애매한 나의 모습은 자괴감과 박탈감을 느끼기에 쉬운 환경을 제공한다. 그렇기 때문에 동업을 시작한다면 최대한 명확하고 분명하게 업무분장을 정의하는 것이 좋다. 처음에는 민망하고 조심스럽지만, 대화가 오갈수록 동업자들이 사업을 어떤 시각으로 바라보는지 느낄 수도 있고, 생각지도 못했던 업무가 떠올라 이를 누가 맡을지 진지하게 고민할 수도 있다. 그리고 이러한 내용을 논의하는 것부터가 이미 한 팀이 된 느낌을 들게 할 수도 있다.

그렇게 역할분담을 잘 정리하고 나면, 지분비율과 수익분배비율에 대한 조정도 한결 쉬워진다. 보통은 돈을 낸 만큼 지분을 정하고, 그 지분만큼 수익분배비율을 정하지만, 누군가가 돈으로 환산할 수 없는 능력을 가지고 있다면, 또는 누군가가 헌신적으로 사업체 운영에 필요한 업무를 도맡는다면, 이에 대한 추가적인 지분 내지 수익분배비율을 인정해주어야 할 것이다.

이렇게 동업자가 동업체에 무엇을 헌신할 것인지, 그에 대한 대가가 무엇인지를 확실히 한다면, 아무리 말썽이 발생해도 금방 조율이 가능해지고, 따라서 분쟁도 예방할 수 있다. 생각보다 사람을 움직이는 힘은 '숫자에 불과한 돈'이 아니라 '정당한 대가로서의 돈'인 경우가 많다는 점을 잊지 말자.

4

동업과 회사

법인을 차리면 유리하다?

많은 사람들이 법인으로 사업을 하는 게 유리하다고 알고 있다. 그런데 법인이 무엇이고, 사업자가 무엇인지 헷갈려하는 사람이 여전히 많다. 그래서 일단 사업자의 개념부터 간단히 알아보도록 하겠다. 사업자란 근로자와 대비되는 개념으로, 쉽게 말해 '사장님'이다. 누구에게 월급을 받는 것이 아니라, 직접 돈을 버는 사람인 셈이다. 그리고 사업자 등록이란, 이러한 사업소득 활동을 국가에 신고함으로써 세금을 내기 위한 절차라고 보면 된다.

그리고 이 사업자는 크게 다시 두 가지로 나뉜다. 개인사업자와 법인사업자, 이렇게 둘로 말이다. 개인사업자는 말 그대로 개인이 사업주체가 되어 하는 사업자이다. 홍길동이 개인사업자를 낸다면 그 상호가 '홍길'이 되었든 '길동'이 되었든 그 개인사업자의 권리의무관계는 모두 개인인 홍길동의 명의로 이루어지게 된다.

반면 법인사업자는 법인이 사업주체가 된다. 여기서 법인이란 '법(法)에서 만든 사람(人)'을 말한다. 약간 추상적이라 처음에는 와닿지 않지만, 쉽게 말해 철수나 영희 같은 사람을 법으로 만들어 버린 것이라고 생각하면 된다. 그리고 법인은 형태가 법으로 정해져 있는데, 대표적인 것이 '주식회사'이다. 물론 다양한 형태의 법인이 존재하지만, 우리나라 법인의 대부분이 주식회사인 관계로, 이하에서 법인은 '주식회사'임을 가정하고 서술하도록 하겠다.

자, 다시 돌아와서, 홍길동이 자신의 이름을 본 딴 '홍길동 주식회사'라는 법인사업자를 낸다면 그 법인사업자는 홍길동 주식회사의 명의로 모두 이루어지게 된다. 다만, 법인은 추상적 존재이기 때문에 팔이나 다리, 눈과 입 같은 신체기관이 없다. 따라서 이를 대신해주는 대표이사나 사내이사와 같은 기관이 필요하다. 그래서 실제로는 대표이사와 같은 '자연인'이 법인의 업무를 대신해주는 형태로 법인사무가 이루어진다. 즉, 홍길동 주식회사의 대표이사 홍길동이 각종 법률행위를 한다고 하더라도, 어쨌든 법률행위의 효력을 받는 주체는 여전히 홍길동 주식회사, 즉 법인이 되고, 자연인 홍길동은 그 법인의 신체기관 역할을 하는 것에 불과한 셈이 된다.

한편, 개인사업자는 개인의 명의로 모든 법률관계가 귀속되기 때문에 사업으로 인한 채무도 그 개인이 전적으로 지게 된다. 반면, 법인사업자는 법인 명의로 모든 법률관계가 귀속되기 때문에 사업으로 인한 채무도 그 법인이 전적으로 지게 되고, 법인에 종사하는 임직원(예를 들어 대표이사 등)은 원칙적으로 그 채무를 떠안지 않는다. 이러한 점에서 법인으로 사업을 하는게 유리하다고 보는 경우가 많다.

아울러 자금을 조달하는 방식도 법인이 유리한 편이다. 법인은 주식을 발행함으로써 자금조달을 쉽게 할 수 있다. 이때 특별한 계약을 하지 않는다면, 주식이 휴지조각이 되더라도 법인은 책임을 질 필요가 없다. 반면, 개인사업자는 돈을 빌리는 형태로 자금조달을 하는 것 외에는 외부자금을 융통할 방법이 마땅치가 않다. 그리고 앞서 본 바와 같이 개인사업자는 개인이 채무를 부담하는 것이므로 사업이 망하면 빌린 돈을 개인이 계속 갚아야 할 수도 있다.

세금은 또 어떠한가. 개인사업자는 벌어들이는 소득이 곧 세금 부과의 대상이 된다. 따라서 개인사업자는 벌어들인 만큼 개인소득세를 내야 한다. 반면, 법인사업자는 법인세를 내게 된다. 그런데 이 법인세의 세율은 소득세보다 매우 낮은 편이라서, 큰 규모의 자금을 운영한다면 법인사업자가 세제적 측면에서 볼 때 유리할 수도 있다. 즉, 법인사업자는 막대한 수익이 나더라도 개인사업자보다 세금을 덜 낼 수 있고, 이렇게 보유하게 된 여유자금으로 신규 아이템 개발이나 새로운 사업에 도전할 수도 있다.

다만 주의할 점이 있다. 법인사업자로 벌어들인 소득은 법인의 몫이지, 법인에 종사하는 대표이사라든지 법인의 주식을 가지고 있는 주주 등의 몫이 결코 아니라는 점이다. 이 점이 시사하는 바가 뭐냐면, 법인의 소득을 다시 개인이 가져갈 경우, 그 개인에게 다시 개인소득세가 부과된다는 것이다. 가령, 법인이 벌어들인 소득을 대표이사가 받아가기 위해서는 다시 '급여, 상여' 등의 형태로 받아가야 하고, 주주 또한 '배당'의 형태로 받아가야 한다. 이때 급여, 상여, 배당에 다시 세금이 붙는다.

즉, 법인세가 부과되더라도 이와 별개로 개인이 법인의 돈을 가져가려면 다시 개인소득세를 내야 한다는 것이다. 이중과세라고 볼 수도 있지만 현 체계가 그러하다. 따라서 '개인의 세금 측면'에서 본다면, 법인으로 사업을 하는 게 반드시 유리하다고 볼 수도 없다.

한편, 개인사업자는 혼자서만 사업을 할 수 있고, 법인사업자는 여러 명이 할 수 있는 것 아니냐는 질문을 종종 받는다. 그러나 이는 사실이 아니다. 개인사업자도 '공동 개인사업자' 형태로 여러 명이 하나의 사업자 아래 모일 수 있다. 방법은 간단하다. 동업계약을 체결해서 세무서에 신고하고, 이때 해당 개인사업자의 대표를 동업자 여러 명으로 신고하는 것이다. 가령, 홍길동과 춘향이가 공동으로 개인사업자를 낸다면, 홍길동과 춘향이가 '공동 개인사업자'가 되는 것이다.

반대의 경우도 가능하다. 한 사람 혼자서 법인사업자를 차릴 수도 있다. 법인 중 가장 많은 형태인 주식회사의 경우를 들어보자. 주식회사의 주인은 사실 '대표이사'가 아니라 '주주'이다. 만일 홍길동이 100% 지분을 가진 채로 홍길동 주식회사를 설립한다면, 그 회사의 '실사주'는 홍길동이 되고, 우리는 이를 '1인 회사'라고 부르기도 한다. 주주가 주식회사의 주인인 이유는 간단하다. 일단, 주주는 주주총회를 통하여 대표이사를 선임하고 해임할 수 있는 권한을 가진다. 주주 전원의 동의만 있다면 법인을 해산시킬 수도 있다. 주주가 회사의 가장 중요한 의사결정을 하는 것이다. 특히 1인회사는 주주가 한 명이기 때문에, 사실상 그 한 명의 의사에 따라 회사의 모든 사항이 결정될 수 있다.

이제 개인사업자와 법인사업자의 개념이 정립되었다면, 각 사업자별로 사업을 접는 방법에 관하여도 간단히 알아보도록 하겠다. 우선, 개인사업자는 의외로 간편하다. 폐업신고를 하고 잔여 세금문제를 처리하면 그만이다. 다만, 개인사업자는 폐업을 했더라도 예전 사업에서 발생한 채무는 결국 그 개인(또는 동업자들)의 채무로서 남는다는 것을 잊으면 안 된다.

반면 법인사업자는 그렇지 않다. 법인은 앞서 말했듯이 법에서 만든 사람이다. 사람을 만들어 놓았는데 어떻게 바로 죽일 수 있겠는가. 따라서 우리 법은 법인이 소멸하는 절차와 방법을 매우 상세하게 규정하고 있다. 흔히 말하는 법인의 해산과 청산 절차가 바로 이것이다. 다만, 이 절차를 통하여 채권채무 관계를 정리하고 남아있는 재산을 정리하면 법인은 소멸하게 되고, 이에 법인이 떠안고 있던 사업상 채무는 원칙적으로 개인에게 전가되지 않는다.*

앞서 말한 내용들을 정리해보면, 먼저 근로자가 아닌 사업자는 개인사업자와 법인사업자로 나뉘게 되는데, 개인사업자는 개인이 사업에 관한 모든 권리의무를 직접 부담하고, 법인사업자는 법인이 사업에 관한 모든 권리의무를 직접 부담하게 된다. 개인사업자는 세금도 일차적으로 개인이 내고, 채무 부담도 일차적으로 개인이 부담한다. 법인사업자는 세금을 일차적으로 법인이 내고, 법인 자금을 개인이 가져오려면 개인이 이차적으로 세금을 다시 내야 하며, 원칙적으로 법인의 채무를 개인이 직접 부담하는 것은 아니다.

동업의 관점에서 바라본다면, 개인사업자 형태이든 법인사업자 형태이든 동업은 얼마든지 가능하다. 뿐만 아니라, 법인끼리 계약을 맺어 동업을 할 수도 있고, 심지어 개인과 법인이 계약을 맺어 동업을 할 수도 있다. 따라서 동업을 하려면 어떤 방식을 취하는 것이 좋을지 처음

---

* 이에 대하여는 몇 가지 예외가 존재하는데, 대표적인 것이 대표이사 또는 대주주의 연대보증 계약이다. 보증기금 등 돈을 빌릴 때 자주 사용되므로 주의할 필요가 있다. 그리고 법인세 등 국체를 체납한 경우에도 과점주주의 2차 납세책임이 발생할 수도 있다.

사업기획 단계부터 신중하게 고려할 필요가 있다.

다만, 법인사업자 형태로 동업을 할 때 주의해야 할 점이 하나 있다. 바로 그 법인사업자가 사실은 개인들의 동업을 위한 '수단'으로서 밖에 존재하지 않아야 한다는 것이다. 계속해서 강조하지만, 법인은 새롭게 태어난 사람과도 다를 바 없기 때문에, 그 법인을 무시한 채 사실은 개인들이 실질적 사업자라면서 법인에게 귀속된 각종 권리의무가 개인들에게 속하여야 한다고 주장하려면, 이를 입증할 수 있는 고도화된 설계가 필요하다.

만일 어떤 법인이 단순한 동업의 수단이 아니라, 하나의 법인격체로서 고유의 책임과 권한을 가지고 사업을 수행하는 것이라면, 이 경우는 민법상 조합 개념이 적용되지 않고, 민법상 법인 또는 상법상 회사에 관한 법률이 적용된다. 즉, 개인들이 아무리 동업약정을 해두었다고 하더라도, 법인은 이에 구속되지 않을 가능성이 늘 상존한다는 뜻이다.

이러한 사정 때문에, 처음 동업을 시작하는 사람은 법인보다 개인사업자를 더 선호하는 경향이 있다. 법인으로 사업을 하는 게 유리하다고 언뜻 들었는데, 계속해서 상담을 받고 여기저기 알아보고 하다 보면, 법인사업자로 동업을 운영하는 것이 꽤나 복잡하기 때문이다. 반면, 사업을 꽤나 해보았던 사람은 동업도 법인사업자로 하려고 한다. 이유는 앞서 본 바와 같이 사업에 실패해도 개인이 책임질 게 많지 않기 때문이다.

결국, 동업을 할 때 법인을 설립하여 할 것인지 말 것인지는 그 사업의 특성을 고려하여 전문가의 조언을 받아 판단하는 것이 가장 좋다. 가령, 조그마한 카페를 두 명이서 운영하는 데 굳이 법인을 차릴 필요는 없을 것이다. 반면, 매출규모가 상당한 제조, 서비스업을 동업하려는 데 개인사업자 형태는 비효율적일 수도 있다.

이하에서는 법인을 차려 동업을 하는 경우 어떤 점에서 문제가 발생하고, 어떤 점들을 유의해야 하는지에 대하여 살펴보도록 하겠다.

지분율은 명확하게 정하여야 한다

주식회사는 기본적으로 주주가 경영권을 가지는 구조이다. 앞서 잠깐 언급했듯이, 회사의 중요한 안건은 주주총회에서 주주들이 의결을 하도록 되어 있다. 여기에는 회사를 이끌 대표이사, 사내이사 등을 선임하거나 해임할 수 있는 권한도 포함되어 있다. 회사를 조그마한 나라로 치면 주주총회 결의는 선거와 유사하다고 볼 수 있다.

그런데 1인 1표라는 일반 선거의 대원칙과는 달리, 주주총회의 선거는 1주 1표라는 점이 매우 이색적이다. 즉 100주를 가지고 있는 주주가 있다면, 곧 1인이 100표를 가진다는 뜻이다. 만약에 그 회사가 발행한 주식이 100주가 전부라면? 그러면 그 1인이 모든 투표권을 장악하는 셈이 된다. 이것이 바로 '1인 회사'이다.

결국, 대표이사가 누구냐가 중요한 것이 아니다. 주주가 누구이고, 어떤 지분비율로 구성되어 있느냐가 주식회사 경영권에 있어 핵심인 것이다. 그럼에도 불구하고 상당히 많은 동업자들이 회사를 통해 동업을 하면서 지분율에 신경을 쓰기보다는 대표이사, 사내이사 등과 같은 명함에만 관심을 갖곤 한다. 대표이사라고 해보았자 보통 3년의 임기를 가질 뿐이고, 이후 주주총회에서 중임(연임)이 되지 않으면 곧장 대표이사직에서 물러나야 할 운명인데도 말이다.

이러한 생각이 어떻게 큰 문제를 야기할 수 있는지 철수 씨와 경수 씨의 이야기로 알아보자.

철수 씨는 건강기능식품 관련 공공기관의 과장으로 근무하면서 국내외 제약, 식품 회사들과 많은 인맥을 쌓고 있었다. 반면, 경수 씨는 어느 한 제약회사에 프로그램 개발자로 입사하여 여러 가지 소프트웨어를 개발해오던 엔지니어였다. 어느 날 철수 씨의 부서와 경수 씨의 회사가 공동 프로젝트를 하게 되었고, 철수 씨와 경수 씨가 각 실무자로 참여하게 되었다.

철수 씨와 경수 씨는 야근도 불사하면서 각자가 맡은 소임을 다하였고, 서로의 근면 성실함을 눈여겨보던 둘은 금세 개인적으로도 친분을 쌓을 수 있었다.

프로젝트가 완성되어 갈 무렵, 철수 씨는 경수 씨에게 한 가지 제안을 하였다. 자신이 가지고 있는 식약 관련 노하우와 고객리스트를 경수 씨가 가지고 있는 IT 기술과 접목하여 새로운 사업을 해보지 않겠냐는 것이었다. 그런 철수 씨의 제안에 경수 씨로서는 눈이 휘둥그레질 수밖에 없었다. 왜냐하면, 사실 경수 씨도 회사 몰래 개인회사를 설립하여 프로그램 개발 등으로 부수입을 얻고 있었고, 최근 들어서는 회사생활에 실증이 나 자유로운 환경에서 자신만의 회사를 운영하고 싶다는 생각을 매일 같이 하고 있었던 참이었기 때문이다.

두 사람의 물밑 협상은 급속도로 이루어졌다. 역할분담과 수익분배 등 중요한 골자들은 금방 협의가 되었다. 남은 문제는 사업체를 어떤 형태로 두느냐였다. 철수 씨는 자신이 상대하는 회사들이 대부분 규모가 꽤 있는 회사들이기 때문에, 개인사업자 또는 신생 법인으로 거래를 하기가 부담된다고 하였다.

그러자 경수 씨는 자신이 기존에 가지고 있던 개인회사를 이름만 바꾸어 사용하면 어떻겠냐고 제안하였다. 그러면서 경수 씨 자신은 IT 분야만 담당할 테니, 나머지 회사 전반의 운영을 비롯한 회사의 대표는 철수 씨가 하는 게 좋겠다고도 하였다. 철수 씨는 그 제안이 반가웠다. 경수 씨의 회사는 나름 오랜 기간 동안 안정적인 수익을 올리고 있었기 때문에 기존 거래처와 거래를 함에도 큰 문제가 없어 보였다. 더구나 그러한 회사의 대표 직함을 달고 영업을 할 수 있다 보니 철수 씨에게는 날개를 달아주는 셈이 되었다. 두 사람은 그간 고민하던 걱정거리가 전부 사라지는 느낌이었다.

철수 씨와 경수 씨는 경수 씨의 개인회사 이름을 'A회사'로 바꾼 뒤 동업을 시작하였다. 그리고 곧 철수 씨는 A회사의 대표이사가 되었다. 식약 관련 시장에서는 철수 씨가 A회사를 설립하여 영업을 한다는 풍문이 돌기 시작하였고, 철수 씨의 노하우와 경수 씨의 IT 기술이 만나 기존보다 높은 퀄리티의 서비스를 제공한다는 입소문이 퍼지면서 A회사의 매출은 기하급수적으로 늘어나기 시작하였다.

한편, 철수 씨는 영업 능력뿐만 아니라 회사 운영 능력도 뛰어났다. 다만, IT 분야만큼은 오로지 경수 씨에게 일임하면서 어떠한 간섭도 하지 않았다. 그러다 보니 경수 씨도 다른 걱정할 것 없이 자신이 맡기로 한 IT 분야 운영에만 집중하면 되었다. A회사 안에 경수 씨만의 왕국이 생겨난 셈이었다. 자유로운 환경에서 자신만의 회사를 운영하고 싶다는 경수 씨의 꿈은 철수 씨라는 인연을 만나 너무나도 완벽하게 이루어지는 것 같았다.

A회사가 안정적으로 운영이 잘 되자 철수 씨와 경수 씨는 회사라는 형태로 동업하기를 참 잘했다고 생각하였다. 그도 그럴 것이, 계약이면 계약, 홍보면 홍보, 입출금이면 입출금, 모든 것이 회사 명의로 이루어지다 보니, 누가 더 가져가고 누가 덜 가져가고 하는 것에 신경을 쓸 필요가 없었다. 그저 남은 회사 수익이 있다면 절반씩 급여나 상여로 가져가면 그만이었다. 서로 다툴 일이 별로 없었다는 뜻이었다.

문제는 철수 씨가 회사의 서비스를 국내뿐만 아니라 해외로도 수출하기 시작하면서 발생했다. 해외 출장이 잦아진 철수 씨는 국내에 머무는 날이 별로 없었고, 그러다 보니 경수 씨와 마주치거나 대화할 일도 점점 줄어들게 되었다. A회사는 해외 진출로 매출이 더 늘어났지만, 그럴수록 경수 씨는 왠지 허전한 마음을 지울 수가 없었다. 업계에서는 A회사의 눈부신 성장에 주목하였고, 회사가 주목 받을수록 찬사를 받는 대상은 철수 씨의 노하우와 영업력이었다. 경수 씨로서는 자신이 설립한 회사를 철수 씨에게 빼앗겨 버릴지도 모를 것만 같은 두려움을 느끼기 시작하였다.

경수 씨는 이러한 고민을 주변에 털어놓았고, 주변에서는 '네가 100% 지분을 가지고 있는데 뭐가 문제냐'면서 철수 씨를 대표이사직에서 해임시키면 그만이라고 하였다. 이러한 조언에 귀가 솔깃해진 경수 씨는 한 가지 원대한 계획을 세우기 시작하였다. 철수 씨의 노하우를 자신이 전수 받은 다음, 철수 씨 없이도 A회사를 경영할 수 있을 때쯤, 철수 씨를 회사 밖으로 내쫓을 계획을 세운 것이다.

경수 씨는 한창 해외 영업으로 바쁜 철수 씨에게 만나자고 하여, '국내 영업과 운영은 자신이 담당을 할 테니 철수 씨는 해외 영업에만 치중하여 회사의 더 큰 성장을 도모하는게 어떻겠냐'고 물어보았다. 철수 씨는 잠깐 생각해보았지만, 오랜 기간 큰 문제 없이 회사가 경영되어 왔고, 경수 씨에 대한 신뢰가 확고하였기 때문에 이를 흔쾌히 승낙하였다. 철수 씨는 국내 영업 및 운영에 필요한 노하우를 경수 씨에게 전수해주었고, 경수 씨는 수개월 동안 노하우를 배우는 데 집중하였다.

이제 경수 씨에게 남은 것은 철수 씨를 내쫓는 것이었다. 그런데 대표이사를 함부로 해임하면 소송에 휘말릴 수도 있다는 이야기를 얼핏 듣게 되었다. 정당한 사유를 갖춰 대표이사를 해임시켜야 한다는 조언도 들었다. 그래서 경수 씨는 대표이사 해임의 정당한 사유를 직접 찾아보기로 결심하였다. 경수 씨는 회사 회계장부를 열람한 다음, 철수 씨의 최근 업무추진비 사용 내역을 자세히 들여다보기 시작했다.

그러자 철수 씨가 해외에서 알 수 없는 명목으로 지출한 금액들이 상당수 포착되었다. 경수 씨는 이를 가지고 철수 씨가 회사자금을 횡령한 것이라며 책임을 묻기로 결심하였다. 그렇게 철수 씨가 해외에서 돌아오는 날, 경수 씨는 철수 씨를 조용히 회의실로 불러 이렇게 말하였다.

'나는 당신을 대표이사직에서 해임시키려고 한다. 당신이 회사자금을 횡령한 사실을 객관적 증거로 다수 확보해둔 상태이다. 다만, 당신이 스스로 대표이사직에서 사임한다면, 횡령 등 불법행위에 대한 민형사상

이의제기까지는 하지 않겠다.'

철수 씨는 머릿속이 새하얘졌다. 일단 억울하다는 생각부터 드는 게 당연했다. 영업을 하다보면 이런저런 명목으로 처리하여야 할 비용들이 많은데, 다 회사를 위하여 쓴 것임에도 이를 횡령이라고 하는 경수 씨의 모습에 많은 서운함을 느꼈다. 그런데 조금씩 정신을 차려보니 정작 중요한 문제는 이게 아니었다. 횡령이야 나중에 무고함을 밝힌다고 치더라도, 당장 경수 씨가 자신을 회사에서 내쫓아버리면, 갈 곳 없는 철수 씨로서는 그동안 쌓아온 모든 것을 잃어버리게 될 운명이었다.

철수 씨는 그런 경수 씨가 괘씸했고, 큰 배신감을 느꼈다. 그래서 철수 씨도 가만히 있지 않기로 결심했다. 스스로 사임할 일은 절대로 없을 것이며, 만일 경수 씨가 자신을 해임시키면 소송으로 맞설 것이라고 엄포를 놓았다. 나아가, 오히려 경수 씨야말로 회사자금을 개인적으로 사용하였다면서, A회사 지분을 내놓는다면 형사 고소를 하지 않겠다고 맞불을 놓았다. 어느덧 두 사람은 돌이킬 수 없는 신뢰의 파국을 맞이하게 되었다.

결국, 철수 씨가 먼저 선수를 쳤다. 철수 씨는 경수 씨를 횡령죄로 고소하였다. 이에 질세라 경수 씨도 철수 씨를 횡령죄로 고소하면서 철수 씨의 비리행위를 업계에 폭로하였다. 상호 폭로전이 이어졌고, 명예훼손 등 맞고소가 난무하기 시작했다. 업계에는 확인되지 않는 악소문이 퍼지면서 A회사에 대한 신뢰도가 쇠퇴하게 되었다.

지지부진한 송사 끝에, 두 사람 모두 횡령에 관하여는 혐의가 없다고 결론이 났다. A회사도 일련의 내홍을 치렀지만, 이미 경수 씨가 철수 씨로부터 각종 노하우를 전수받은 덕분에, 매출과 영업력은 금방 회복할 수 있었다.

문제는 철수 씨였다. 철수 씨는 격동의 시절을 보내던 사이, 어느덧 3년이라는 대표이사 임기가 만료되었다. 대표이사의 임기가 만료되면, 그 대표이사를 다시 선임할 것인지, 새로 선출할 것인지 여부는 주주총회에서 정하게 된다. 그리고 A회사의 주식은 경수 씨가 100%를 가지고 있었다. 경수 씨는 주주총회를 연 다음 철수 씨를 재선임하지 않고, 자기 자신을 대표이사로 선임하였다.

그렇게 철수 씨는 A회사의 대표이사에서 퇴임하게 되었다. 직원 신분도 아니었기 때문에, 즉시 짐을 싸들고 회사를 나와야만 했다. A회사의 주식도 전혀 가진 게 없었다. 그래서 A회사로부터 더 이상 이익을 분배 받을 방법 또한 찾을 수 없었다. 철수 씨는 자신의 노하우와 인간관계를 갈아 넣어 A회사를 굴지의 기업으로 성장시켰지만, 정작 본인에게 돌아오는 것은 얼마 안 되는 퇴직금뿐이었다.

이 얼마나 허무한 일인가. 하지만 법적으로 철수 씨를 구제할 방법은 마땅치가 않다. 철수 씨의 노하우, 인간관계, 노력과 같은 무형의 가치들은 이미 대표이사 월급으로써 대가가 치러졌다. A회사는 철수 씨 덕분에 그와 같은 무형의 자산들을 모두 흡수하였고, 그 결과 지속적인 성장을 계속할 수 있었다. 즉, 경수 씨는 회사의 오너이자 대표이사로서 철수 씨가 이룩한 성과물을 모두 향유하게 된 것이다.

반면, 철수 씨는 갈 곳 없는 신세가 되어버렸다. 동종업체를 차리려고 해보아도 이미 A회사는 넘을 수 없는 거대한 산이 되어 있었고, 경수 씨는 영업력과 IT기술력을 모두 가진 만능형 사람이 되어 있었다. 한때 동종업계의 황태자로 불리던 철수 씨는 더 이상 경쟁력을 상실한 퇴직자에 불과했다.

필자는 이러한 상황을 종종 목격하곤 한다. 동업자끼리 지분관계를 제대로 정리하지 않아 훗날 큰 변을 당한 다음, 지푸라기라도 잡는 심정으로 변호사를 찾아와 억울함과 배신감에 울먹이는 의뢰인들을 마주하면 어떻게든 도와주고 싶은 심정이 들곤 한다.

하지만 법의 영역은 쉽지가 않다. 어떤 임직원이 회사에 커다란 공헌을 했다고 하여 회사가 그 임직원에게 당장 주식을 주어야 한다거나, 평생 먹고 살 수 있을 만큼 커다란 보상을 주여야 한다는 법은 없다. 회사는 결코 개인적인 감정으로 당신을 돌봐주지 않는다. 그러다가는 오히려 경영진이 배임죄로 처벌을 받는 게 법의 영역이다. 그렇기 때문에 법인을 설립하여 동업을 하려면, 자신의 지분비율부터 철저하게 확인을 하여야 하고, 그 지분으로 경영권 방어가 가능한지, 수익분배를 보장받을 수 있을지 정밀한 계산을 해보아야 한다. 회사의 경영권은 명함에서 나오는 것이 아니라 지분에서 나오는 것임을 잊지 말자.

지분비율 5:5가 능사는 아니다

회사를 통해 동업을 하려면 무조건 지분비율을 동등하게 가져가는 것이 좋을까? 3인 이상의 동업체라면 다수결이라는 개념을 통하여 경영을 하는 게 가능할 수도 있다. 하지만 2인 동업체의 경우는 다수결이라는 방법 자체가 성립할 수 없는 구조다. 그러다보니 2인 동업의 경우 공평의 관점에서 회사 지분을 50%씩 가지고 시작하는 동업자들이 많다. 그런데 지분비율을 똑같이 나누어 가지면 생각보다 심각한 부작용이 발생할 수도 있다. 예를 들어 살펴보자.

철수 씨는 재무 분야에서 오랜 경험을 쌓았고, 최근에는 부동산, 주식 투자로 큰 수익을 보는 등 친구들 사이에서는 '큰 손'으로 불려왔다. 한편, 영희 씨는 IT업계에서 개발자로 10년 가까이 일해 왔고 업계 내에서도 인정받는 실력자로 정평이 나있었다. 철수 씨와 영희 씨는 동창회 자리에서 서로 근황을 얘기하다가 자연스럽게 비즈니스 이야기를 하였고, 서로 사업에 관심이 많다는 공통점을 알게 되었다.

이후에도 철수 씨와 영희 씨는 몇 번 더 만나면서 공동사업에 대하여 논의하였고, 각자의 전문성을 결합하면 괜찮은 시너지가 날 수 있겠다는 확신을 갖게 되었다. 특히, 영희 씨가 구상한 온라인 투자 플랫폼 아이디어는 철수 씨에게 매우 매력적으로 다가왔다. 영희 씨는 독특한 사용자 경험(UX)에 기반한 서비스 모델을 제시했고, 철수 씨는 해당 사업의 성장 가능성과 투자 가치를 높게 평가했다. 그렇게 두 사람은 공동 창업을 결심하고, 주식회사를 설립하기로 하였다.

두 사람은 회사 설립 단계부터 매우 신중했다. 추후 발생할 수 있는 불필요한 분쟁을 예방하기 위하여, 회사의 지분부터 경영 방식까지 처음부터 말끔하게 정리를 해야 한다고 서로 입을 모았다. 비록 두 사람은 동창이었지만, 사실상 수십 년이 지난 뒤에 각자 사회구성원으로서 생활하다 처음 만난 것과 다름 없었기에, 최대한 객관적이고 이성적인 판단을 하여야 한다는 의지가 더욱 강했다.

이들이 설립한 회사는 철수 씨의 자금과 영희 씨의 기술이 만나 시너지를 이루는 게 핵심이었다. 그러다보니 철수 씨는 투자자로서의 역할을 강조했고, 영희 씨는 플랫폼의 핵심 기술과 구조를 자신의 손으로 직접 구현하겠다는 점을 부각시켰다. 서로의 기여도가 우열을 가리기 힘들다고 판단한 이들은 결국 주식 지분을 50대50으로 나누기로 했다. 이 결정은 겉보기에 매우 이상적으로 보였고, 주변에서도 두 사람의 결정을 긍정적으로 평가했다.

회사를 설립한 직후 철수 씨는 본격적으로 자금을 투입해 인프라를 구축하는 데 집중했다. 양질의 사무공간과 인력을 확충하였고, 마케팅 대행사를 선정해 초기 브랜딩 활동을 적극적으로 개시하였다. 이러한 철수 씨의 자본력에 힘을 얻은 영희 씨는 마음껏 개발에만 몰두할 수 있었다. 서비스 구조를 구체화하고, 플랫폼의 베타 버전을 직접 개발하였다.

몇 개월 동안 두 사람은 밤을 새우다시피 하면서 동업에 몰두하였다.

그 결과 플랫폼은 예상보다 일찍 런칭되었고, 시기를 잘 만났던 덕분인지 사용자수가 급상승하였다. SNS 채널을 통한 바이럴 마케팅이 매우 효과적인 것도 있었고, 영희 씨가 개발한 어플리케이션의 메커니즘이 사용자들로부터 긍정적인 평가를 받은 덕분이기도 하였다.

그러나 사업이 점차 안정되기 시작하자, 두 사람 사이에는 보이지 않는 균열이 생기기 시작했다. 철수 씨는 빠르게 외부 투자를 유치하고 시장을 선점해야 한다고 주장했고, 이에 따라 신규 투자자와의 미팅, IR 자료 준비 등을 주도했다. 반면, 영희 씨는 기술 완성도가 아직 부족하다며 새로운 기능 개발에 더 많은 시간이 필요하다고 했다. 철수 씨는 영희 씨가 투자세계를 잘 알지도 못하면서 고집을 부려 골든타임을 놓칠 것이라고 생각했다. 영희 씨는 철수 씨가 어플 개발을 잘 알지도 못하면서 벌써부터 엑시트(EXIT)를 준비한다고 생각했다. 이들의 생각은 점차 수면 위로 드러났고, 회의에서 두 사람 간 언쟁도 잦아졌다. 그럼에도 불구하고 플랫폼의 성장은 지속되었고, 어느 날 한 대형 IT기업으로부터 사업 인수 제안이 들어왔다.

이 제안은 두 사람 모두에게 커다란 충격이자 기회였다. 철수 씨는 지금이 회사를 매각할 수 있는 최적의 타이밍이며, 이로써 동업의 성공적인 마무리를 지을 수 있다고 확신했다. 실제로 그는 IR 활동을 하면서 시장 분위기를 파악했었고, 제안된 금액 이상의 평가를 받기는 어렵다고 판단하고 있었다.

반면, 영희 씨는 플랫폼이 이제 막 성장 궤도에 오른 단계라고 보았고, 핵심 기술이 아직 온전하게 성숙하지 못했다고 느꼈다. 특히 인수 제안 조건 중 핵심은 영희 씨가 개발자로 남아 계속 어플 개발에 참여하여야 한다는 것이었는데, 영희 씨는 애써 자신이 개발한 알고리즘을 다른 사람에게 넘겨놓고, 정작 자신은 그 밑에서 일을 계속 해야 한다는 점 자체가 마음에 들지 않았다.

이에 사업 인수에 관한 회의는 난항을 겪었고, 결국 영희 씨가 단호히 인수 제안을 거절하게 이르렀다. 철수 씨는 실망감을 감추지 못했고, 이로 인해 두 사람의 관계는 급격히 냉각되었다. 감정의 골이 깊어지면서 이전에는 유연하게 조율되던 사안들도 점차 갈등으로 비화되기 시작했다. 신규인력 채용, 마케팅 방향, 수익 분배 등 모든 의사결정에서 충돌이 잦아졌고, 심지어 서로의 역할에 대한 불만을 노골적으로 드러내는 일까지 생겼다.

시간이 흐르며 두 사람 사이의 대화는 거의 단절되었고, 중요한 결정이 계속 미뤄지는 상황이 속출하였다. 영희 씨는 점차 회의에 불참하기 시작했고, 개발팀과의 소통도 끊겼다. 결국 그는 자신이 맡고 있던 개발 업무에서 완전히 손을 떼겠다는 입장을 밝혔다. 회사 입장에서는 핵심 인력이 이탈한 것이나 다름없는 초유의 위기 상황을 맞이하게 되었다. 철수 씨는 외부 개발자를 급히 투입했지만, 기존 알고리즘에 대한 이해가 부족해 플랫폼의 안정성이 흔들리기 시작했다.

서비스 품질이 저하되면서 사용자 이탈이 발생했고, 유지보수에도 문제가 생겼다. 플랫폼은 점차 경쟁력을 잃어갔고, 후속 투자 논의도 끊기기 시작했다. 내부 직원들 역시 창업자 간 갈등을 바라보면서 회사의 미래에 대한 희망을 내려놓기 시작했고, 서둘러 짐을 정리하는 직원들이 하나 둘씩 늘어났다. 그렇게 한때 M&A 제안까지 받았던 회사는 방향성을 상실한 채 표류하게 되었고, 사업 정리를 고민해야 하는 단계에까지 이르렀다.

하지만 문제는 이게 끝이 아니었다. 영희 씨는 주주총회에 나와 매번 철수 씨의 안건에 반대표를 던졌다. 그 어떤 안건도 과반수를 충족하여 통과되지 못했다. 사실상 회사는 텅 빈 깡통이 되어가고 있었다. 영희 씨가 무슨 생각으로 자신의 손해까지 감수하면서 모든 안건에 대해 비토권을 날린 것인지는 아무도 모른다. 다만 분명한 점은, 철수 씨가 거액의 투자금을 몽땅 날릴 판이 되었다는 것이다.

이처럼 50대50의 지분 분배는 가장 이상적으로 보일 수 있지만, 실제로는 가장 큰 위험 요소를 내포하고 있을 수 있다. 특히 역할 분담이 명확하지 않거나, 갈등을 조정할 메커니즘이 없을 경우에는 위 사례와 같이 경영 마비 상태가 발생할 수도 있다. 따라서 주식회사의 형태로 동업을 계획할 때는 단순한 신뢰만으로 지분을 공평히 나누기보다, 향후 발생 가능한 상황을 고려하여 유연하게 지분을 설계하는 작업이 필요할 수 있다.

그렇다면 어떤 부분을 중심으로 지분을 설계하는게 좋을까. 사실 정답이 존재하는 것은 아니다. 지분 설계는 통상 '예측'에 기반하여 이루어지는 경우가 보통인데, 그 예측이 늘 맞는 것은 아니기 때문이다. 다만, 진지하게 고려하여야 할 포인트가 몇 가지 있다. 먼저, 지분율과 무관한 의사결정 방식을 도입할 것인지 동업자와 심층 논의를 해야 한다. 가령, 가부동수일 경우 최종 결정권을 가지는 사람(스윙보터)을 정한다거나, 최종 의사결정권을 가지는 분야를 각각 나눌 수도 있다.

또한, 공동창업자의 퇴사나 이탈에 대비한 지분 회수 조항을 계약서에 명문화하는 것도 매우 좋은 방법이다. 위 사례처럼 영희 씨가 갑자기 주요 업무 수행을 거부할 경우, 철수 씨가 영희 씨 지분을 염가에 환수할 수 있는 조항 등을 계약서에 넣는 것을 고려해볼 수 있다.

한편, 갑자기 철수 씨가 자신의 지분을 외국인에게 팔고 나갈 수도 있을 것이다. 그러면 영희 씨는 졸지에 동업자를 잃고, 말도 안 통하는 외국인과 회사를 공동경영 해야 하는 상황에 놓일 수도 있다. 이를 막기 위해 동업자의 지분 양도를 일정 기준에 따라 제한하거나, 동반매도권(Tag Along)처럼 '너가 팔면 나도 판다'는 족쇄를 상호 채워둘 수도 있다.

이러한 문서가 처음에는 부담이 될 수도 있다. 거창하지도 않은 회사를 두고 마치 대기업 흉내를 내는 것 같아 어색하다는 사람들도 있다. 하지만 이러한 장치들은 단순한 허례허식이 아니다. 동업자 간 신뢰를 규범적으로 지지하는 기둥과 같은 역할을 하게 되고, 갈등이 발생했을 때 서로의 입장을 이해할 수 있는 근거가 되기도 한다. 실제 많은 갈등이 '누가 잘못했느냐'가 아니라 '무엇이 정해지지 않았느냐'에서 비롯된다는 점을 잊지 말아야 한다.

스타트업 업계에는 이와 유사한 사례가 수없이 많다. 가령, 모 교육업체는 세 명의 공동창업자가 33.3%씩 지분을 가지고 시작했는데, 창업 2년 만에 사업방향성에 대한 의견 차이로 극심한 갈등을 겪었다. 결국 세 명 모두 자신의 뜻을 관철시키지 못했고, 회사는 아무런 결정을 내리지 못한 채 시장에서 도태되었다. 반면, 또 다른 헬스케어 스타트업은 70:30의 지분 구조로 시작하되, 30% 지분을 가진 공동창업자에게는 특정 경영사항들에 관한 거부권을 부여했다. 이 회사는 분쟁이 발생했을 때도 운영에 차질 없이 대응할 수 있었고, 결국 지속적인 투자 유치에 힘입어 성공적인 매각까지 이어지는 결과를 낳았다.

위 사례에서 철수 씨와 영희 씨가 겪은 실패는 그들에게 능력이 없어서가 아니라, 회사 의사결정 구조에 대한 이해가 부족했기 때문일 수 있다. 이처럼 지분 구조나 경영 방식에 정답은 없지만, 실패하기 쉬운 방식은 분명히 존재한다. 특히, 단순한 수치상의 평등이 실제 경영상의 안정을 보장해주지 않는다는 점은 반드시 유념할 필요가 있다.

동업자와 근로자는 천지 차이이다

생각보다 많은 동업자들이 여러 가지 이유로 인하여 대표 신분이나 지분을 가지지 않은 채, 마치 동업체의 근로자인 것처럼 신고를 해두기도 한다. 이처럼 동업관계임에도 불구하고 형식적으로나마 근로관계를 설정해두면 훗날 동업 분쟁이 발생했을 때 걷잡을 수 없는 후폭풍이 밀려올 수 있다. 예를 들어보자.

영희 씨와 정숙 씨는 원래 고객과 프리랜서로 만난 사이었다. 영희 씨는 영상 콘텐츠의 기획과 배포를 주업으로 하는 마케터였다. 한편, 정숙 씨는 영상 촬영과 편집을 주로 하는 프리랜서였다. 정숙 씨는 영희 씨가 원하는 편집 방향을 놀랄 만큼 정확히 이해해주었고, 이에 따른 결과물도 속전속결로 완성하였다. 영희 씨는 그런 정숙 씨와 함께 일하는 것이 너무나도 만족스러웠다. 그렇게 두 사람은 여러 차례에 걸쳐 작업을 함께 진행하였고, 서로의 업무 스타일을 그 누구보다도 잘 알게 되었다.

영희 씨는 번뜩이는 아이디어가 많았고, 고객의 니즈를 파악하는 데에도 강점을 보였다. 반면 정숙 씨는 섬세한 편집 능력과 영상미 구현에 있어서 감각이 뛰어났고, 무엇보다 성실하고 빠른 손놀림이 강점이었다. 시간이 지나면서 두 사람은 서로의 전문성과 책임감을 인정하게 되었고, 언젠가는 함께 회사를 경영해보자는 이야기까지 자연스럽게 하게 되었다. 마침 유튜브를 비롯한 영상 기반 플랫폼이 급성장하던 시기였고, 기업들 역시 홍보나 마케팅 수단으로 영상 콘텐츠를 적극 활용하고 있었다. 이런 흐름 속에서 두 사람은 각자의 장점을 살려 영상 제작 전문 회사를 창업해보자고 결심하게 되었다.

그런데 막상 회사를 만들려고 하다 보니 현실적인 문제가 발생했다. 우선 영희 씨는 개인적인 사정이 있어 외부적으로 자산을 보유하거나 회사의 대표이사직을 맡기가 어려운 상황이었다. 반면, 정숙 씨는 그러한 제한사항이 없었다. 이에 두 사람은, 회사의 대표 명의와 지분은 모두 정숙 씨 앞으로 하되 모든 경영과 수익 분배는 공평하게 나누기로 약속하였다.

본격적으로 영희 씨는 기존 인맥을 활용해 다양한 클라이언트를 유치해 왔다. 정숙 씨는 늘 하던 대로 영상 제작 업무에 전념했다. 콘텐츠의 콘셉트와 방향은 주로 영희 씨가 기획했고, 촬영과 편집은 정숙 씨가 주도했다. 두 사람은 각자 역할이 뚜렷했고, 맡은 바에 대해서 책임을 다했기 때문에 호흡도 척척 맞았다. 일의 진행 속도도 빨랐고, 고객의 만족도도 높았다. 그러다보니 어느덧 입소문이 퍼지면서 제작 의뢰가 몰리기 시작했고, 수익도 안정적으로 발생하기 시작했다. 이 시점에서 두 사람은 회사를 좀 더 키워보기로 마음먹고, 직원을 다수 채용하고 장비도 추가로 구매했다. 내부적으로 영희 씨는 직원으로 등록되어 있었지만, 모든 대외적 활동에는 대표처럼 활동하면서 고객들을 관리하고 회사를 홍보하였다.

점차 시간이 흐르면서 두 사람 사이에도 미묘한 균열이 생기기 시작했다. 특히, 회사의 방향성에 대한 생각 차이가 컸다. 영희 씨는 보다 다양한 장르에 도전해보고 싶었고, 외부 투자 유치나 해외 서비스 확장도 고려하고 있었다. 반면, 정숙 씨는 현재 수익이 안정적으로 나고 있는 기업 광고 영상 제작에 집중하고 싶었다. 막연한 생각과 무리한 도전만으로는 우후죽순 생겨나는 다수의 경쟁업체와의 경쟁에서 밀려날 수 있다는 신념 때문이었다.

그러다 보니 콘텐츠의 기획 방향이나 예산 운용에 대하여도 이견이 자주 발생하기 시작했다. 업무량이 많아지다 보니 스트레스도 커졌고, 작은 불만이 실타래처럼 쌓이다가 어느 한순간 풀어낼 수 없는 감정의 골을 만들기도 했다.

결국 두 사람은 동업관계를 정리하기로 하였다. 하지만 진짜 문제는 회사 청산 과정에서 불거지게 되었다. 정숙 씨는 대표이사이자 법인 주식 100%를 명의상으로 보유한 자로서, 회사 청산의 주도권을 쥐고 있었다. 어디서 무슨 이야기를 들었는지 모르겠지만, 정숙 씨는 이러한 상황을 토대로 영희 씨에게 '회사 재산을 단 한 푼도 줄 수 없다'고 선언하기에 이르렀다.

영희 씨로서는 어안이 벙벙할 따름이었다. 지금까지 함께 회사를 운영해오며 수많은 의사결정을 함께한 것은 물론, 회사 설립에 필요한 자금도 각자 분담한 내역이 있고, 나아가 자신이 해온 수많은 대외활동 자료들도 존재하였는데, 어떻게 이런 막무가내식 주장을 할 수 있는 것인지 이해할 수 없었다.

하지만 정숙 씨는 더욱 완강해지기 시작하였다. 급기야 정숙 씨는 영희 씨가 회사의 단순한 근로자였다고 주장하기 시작했다. 그도 그럴 것이, 영희 씨는 회사의 지분도 없었고 4대 보험을 비롯하여 근로자로 신고되어 있던 상황이었기 때문에, 그녀가 매달 수익분배의 일환으로 일정한 돈을 회사로부터 받아 온 것은 마치 월급을 받아온 것으로 얼마든지 둔갑될 수 있었다.

영희 씨는 황망함을 금치 못하였다. 실제로는 영상 기획부터 클라이언트 섭외까지, 이 회사의 중요한 역할은 본인이 다 하였다고 생각했다. 오히려 정숙 씨야말로 무늬만 대표이사일 뿐, 영희 씨가 요구하는 대로 영상 편집만 하는 게 전부였다며 울분을 토해냈다.

결국 영희 씨는 정숙 씨에게 소송을 걸어 나머지 회삿돈을 달라고 요구하기에 이르렀다. 그런데 예상과는 달리 영희 씨는 소송 초반부터 고전을 면치 못하였다. 자신이 이 회사의 실질적인 공동창업자이자 동업자였다는 점을 입증해야 했던 것이다. 회사 지분 중 50%가 사실은 영희 씨 것이고 명의만 정숙 씨한테 신탁되어 있다는 점을 입증하는 게 첫 단추였다. 하지만 이를 뒷받침하는 주식명의신탁 계약서라든지 주주간 계약, 하다 못해 기초적인 동업 계약서조차도 존재하지 않았다. 영희 씨는 어쩔 수 없이 여러 가지 정황들을 총 동원할 수밖에 없었다.

가령, 영희 씨는 회사 설립 직전 정숙 씨에게 출자금을 이체해준 내역을 찾아 증거로 제시하였다. 그러자 오히려 정숙 씨는 그 돈이 뭔지도 모르겠고, 예전에 자신이 영희 씨로부터 받을 프리랜서 비용이 늦게 입금된 것일 수도 있다는 식으로 오리발을 내밀었다. 영희 씨는 더욱더 약이 올랐다.

영희 씨는 밤낮으로 그간의 모든 자료를 뒤져가며 사실관계를 정리했다. 회사를 공동으로 운영하면서 두 사람이 나눈 이메일이나 메신저 대화, 회사 외부에 영희 씨가 어떻게 소개되고 있었는지에 대한 증거, 제3자들이 영희 씨를 회사의 어떤 지위에 있는 사람으로 인식하고 있는지에 대한 증언, 그 밖에도 영희 씨의 최종적 의사결정 과정을 입증할 수 있는 방대한 자료들을 논리적이고 가독성 있게 정리했다.

다행히도 영희 씨는 동업 관계의 실질을 인정받고 회사의 잔여 재산 중 상당 부분을 분배받을 수 있었다. 하지만, 그 과정에서 영희 씨가 입은 심리적 상처는 너무나도 컸다. 한솥밥을 먹던 동업자로부터 '너는 나의 근로자일 뿐이었다'는 말을 들었다는 것 자체가 인생의 큰 트라우마로 남게 되었다.

이 사례는 '형식'과 '실질' 사이에 존재하는 간극, 그리고 그 간극이 동업 관계에서 얼마나 큰 갈등과 손해로 이어질 수 있는지를 단적으로 보여준다. 일단 '형식'이라는 것은 분쟁이 발생했을 때 강력한 증거가 될 수 있다. 하지만 우리 사법 체계는 그 이면에 숨은 실체적 진실 역시 중요하게 여긴다. 즉, 단순한 형식만으로는 관계의 본질을 단정짓기 어렵다.

하지만 현실에서는 여전히 형식이 실질을 압도하는 경우가 많다. 실질을 입증할 증거가 없다면 형식이 우선될 수밖에 없는 것이다. 그러므로 사업을 동업자 일방의 명의로 하려고 한다면, 그 이면에 있는 실질에 대한 증거는 미리 확보를 해두는 게 기본이라고 할 것이다. 단지 '우리끼리는 다 아는 이야기니까'하는 식의 낙천적 사고는 추후 심각한 분쟁의 씨앗이 될 가능성이 높다.

당장 정신 없이 사업을 준비하다 보면, 모든 일을 문서로 처리하는 게 어렵게 느껴지기도 할 것이고, 관계 정리의 필요성을 간과할 수도 있을 것이다. 하지만 그렇게 방치된 관계는 결국 오해를 낳고, 오해는 분쟁으로, 분쟁은 상처로 이어지게 된다. 영희 씨처럼 관계가 틀어진 뒤에야 모든 것을 정리하려 들면, 돌이킬 수 없는 상황이 될 수도 있다. 결국, 형식과 실질이 일치하도록 끊임없이 관리하는 것이야말로 건전한 동업의 시작이자 끝이라고 할 수 있다. 따라서 동업을 할 때 근로자라는 형식을 가질 수밖에 없는 상황이라면, 실질이 그렇지 않다는 점을 입증할 증거들은 본인 스스로가 마련해두고 있어야 할 것이다.

5

동업과 지식재산

동업체의 지식재산은 누구의 것일까

사업을 하다보면 혁신적인 아이디어나 제조방법, 디자인, 상표 등 다양한 지식재산이 생겨날 수 있다. 경우에 따라서는 그 지식재산이 사업의 흥망성쇠를 좌우하는 중요한 재산으로 자리잡을 수도 있다. 동업도 마찬가지이다. 동업이 성숙기에 들어서면 동업체 고유의 지식재산이 생겨나기 시작한다. 영업 노하우부터 구체적인 레시피라든지, 개발 소스 코드, 더 나아가서는 브랜드 자체가 다른 사업장과의 차별적인 경쟁력으로 자리잡을 수 있다.

그런데 동업을 하면서 생긴 지식재산은 누구에게 귀속될까? 특별한 사정이 없는 이상, 법인을 설립하여 동업을 하고 있었다면 법인에게 지식재산이 귀속되는 게 원칙이고, 법인 없이 동업을 하고 있었다면 동업자들이 이를 합유(공유의 일종)하는 상태가 되는 게 원칙이다. 즉, 어느 한 동업자만이 지식재산을 독점하는 구조는 원칙적으로 허용되지 않는다는 것이다. 어찌 보면 당연하다. 함께 사업을 하기로 했으면 그 사업을 통하여 얻는 모든 이익과 재산은 함께 분배를 받는 것인데, 지식재산이라고 해서 예외가 되는 것은 아니라 할 것이다.

문제는 동업이 해체될 위기에 처해있을 때 발생한다. 기존에 남아 있던 금전이나 동산, 부동산은 처분하여 현금화 한 다음 지분비율대로 서로 나누어 가지면 그만이다. 그런데 지식재산은 그렇게 하는 것이 애매하다. 특히나 내부적으로 보유하고 있는 영업비밀이라면 더욱 그렇다. 일단 혼자서만 그 영업비밀을 가지고 따로 사업을 하면 어떨까 하는 욕심이 생기게 된다. 그런데 그걸 다른 동업자가 모를 리 없다. 이때부터 동업자 간에는 헤어지고 싶어도 헤어지지 못하는 늪에 빠지는 시기가 찾아온다. 이럴 땐 어떻게 해야 좋을까?

예를 먼저 들어보자. 철수 씨와 영희 씨는 반려동물 관련 어플리케이션을 함께 개발하고 운영하는 스타트업을 공동 설립했다. 철수 씨는 수의사로서의 전문성을, 영희 씨는 개발자로서의 기술력을 바탕으로 사업에 참여하였다. 두 사람은 반려동물에 대한 관심과 애정을 공유하면서 빠르게 의기투합하였다. 그들이 만든 어플리케이션은 반려동물의 건강 기록을 체계적으로 관리할 수 있는 기능을 중심으로 구성되어 있었고, 수의학적인 정보가 곳곳에 포함되어 있어 사용자들로부터 높은 신뢰를 얻었다.

사업 초기에는 철수 씨의 역할이 두드러졌다. 어플의 기본 설계나 방향성은 철수 씨가 고안한 반려동물 건강관리 방식에 기반하였기 때문이다. 수의사로서 오랜 시간 축적한 임상경험을 비롯하여, 반려동물 보호자들과의 상담 기록, 질병 패턴과 예후 등에 대한 철수 씨만의 지식이 어플리케이션 곳곳에 녹아져 들어갔다. 즉, 어플의 기능과 내용은 대부분 철수 씨의 아이디어에서 시작되었고, 이는 곧 해당 어플의 핵심 경쟁력이 되었다.

하지만 시간이 지나면서 상황은 달라지기 시작했다. 일단 서비스가 정식으로 출시되자, 유지보수와 기능 개선, 버그 수정, 사용자 피드백 대응, 새로운 기능의 기획과 개발 등 실질적인 업무의 중심은 영희 씨에게 넘어가기 시작하였다. 영희 씨는 매일같이 소스코드 수정과 테스트를 반복하면서 어플을 안정화시켜나갔다. 사용자가 늘어나면서 서버 환경도 개선해야 했고, 보안 문제, 결제 시스템 연동, 클라우드 기반 데이터 저장 등 복잡한 이슈들이 끊임없이 발생했다.

이러한 상황 속에서 영희 씨의 업무 강도는 눈에 띄게 높아졌지만, 반대로 철수 씨는 점점 사업 운영에 직접 개입할 여지가 줄어들게 되었다. 의도적이라기보다는, 기술적 문제에 대한 이해도가 낮은 탓이었다. 이처럼 자연스럽게 생겨난 기여도의 차이는 어느 순간 철수와 영희 씨에게 근본적인 질문을 던지기 시작하였다. '이 어플은 누가 만들었다고 할 수 있을까?'

안 그래도 석연찮은 상황에서 어느 한 투자자가 이들 앞에 나타났다. 투자자는 이 어플을 누가 개발한 것이냐는 단순한 질문을 던졌다. 그러나 두 사람의 대답은 생각보다 단순하지 않았다. 투자자를 앞에 두고 두 사람은 다투기 시작했다. 철수 씨는 영희 씨가 아닌 다른 개발자를 구했어도 비슷한 결과가 나왔을 것이므로 이 어플은 자신이 개발한 것이라고 했다. 영희 씨는 이 말을 듣고 깊은 상처를 받았다. 이에 영희 씨는 자신이 아니었다면 철수 씨는 어플 조차 만져보지 못했을 것이라며 강하게 반발했다. 투자자는 떠났고, 두 사람의 신뢰는 급속도로 무너졌다.

사실 이 어플리케이션의 실질적인 소유자는 철수 씨와 영희 씨 '개인'이 아니라, 이들이 공동으로 설립한 '법인'일 가능성이 높았다. 이를 개인에게 귀속시키기 위해서는 별도의 계약이나 합의가 필요했지만, 이들은 지식재산의 귀속에 관하여는 아무런 합의를 하지 않은 채 동업을 시작했었다. 즉, 두 사람이 아무리 서로의 공을 따지며 감정싸움을 벌인다 하더라도, 어플의 지식재산은 법인에게 귀속되는 상황이었다.

결국 이 문제는 두 사람 모두에게 감정적 소모만을 안긴 채, 지분 정리를 통해 해결될 수밖에 없었다. 철수 씨는 상당한 금액을 들여 영희 씨의 지분을 인수했고, 영희 씨는 회사를 떠나면서 해당 어플과 관련된 모든 권리를 넘기게 되었다. 법적으론 깔끔히 정리된 것처럼 보였지만, 실제로는 두 사람 모두에게 씁쓸한 경험이었다.

만약 이들이 법인이 아닌, 개인사업자 형태로 함께 사업을 했더라면 어땠을까. 이 경우에도 결과는 크게 다르지 않았을 수 있다. 기본적으로 개인사업자 형태의 동업 역시 민법상 '조합'의 법리를 따르는데, 조합은 조합원 전원이 사업체의 재산 및 책임을 떠안는 구조이며, 따라서 지식재산도 원칙적으로 조합원 공동에 귀속된다. 다시 말해, 다른 동업자의 동의 없이 단독으로 이를 처분할 수 없다는 뜻이다.

이러한 구조적 문제를 해결하기 위해선, 초기 동업 시부터 지식재산권의 귀속 문제를 명확히 설정해두는 것이 좋다. 특히, 어플리케이션을 주력으로 하는 동업이라면, 그 어플의 저작권, 소스코드의 소유권, 상표 등록 시 권리 귀속, 특허 출원 시 발명자 지정, 그리고 알고리즘에 대한 영업비밀 보호 여부 등은 모두 사전에 협의되어야 할 필요가 있다. 만일 이를 문서화해두지 않으면, 추후 분쟁 발생 시 법원도 명확한 판단을 내리기가 어렵게 된다.

이처럼 동업관계에서는 공동 창작과 공동 기획이 누적될 수밖에 없고, 이를 반복하다 보면 아이디어가 누구에게서 나왔는지, 누가 어떤 기여를 했는지의 경계가 모호해지기 마련이다. 반면, 이렇게 형성된 지식재산은 사업체의 미래를 좌우할 수 있는 핵심 자산으로 자리잡을 가능성이 높다. 결국, 이 사업체가 누구 덕분에 발전하였는지 동업자끼리 서로 언성만 높이는 경우가 언제든지 생길 수 있고, 이는 동업의 존속 가능성에 치명적인 타격을 줄 수도 있다.

이뿐만이 아니다. 지식재산을 둘러싼 분쟁은 곧 '내 지식재산을 함부로 사용하지 말라'는 식의 법적 송사로 이어질 가능성도 있다. 그리고 만에 하나 남의 지식재산을 무단으로 사용하였다는 취지의 판결이 내려지기라도 한다면, 그 사람은 동종업계에서 매우 안 좋은 평판을 남기게 될 것이고, 이는 추후 재창업이나 취업에 큰 불이익으로 작용될 수도 있다. 열심히 자기 할 일만 하다가 법을 잘 몰라서 졸지에 기술 탈취자로 낙인 찍히는 경우를 필자는 수도 없이 보았다.

상표 분쟁 역시 동업에서 자주 발생하는 영역이다. 상표도 지식재산이고 따라서 기본적으로 조합의 공동소유 대상이 되는 것이 원칙이다. 그런데 의외로, 동업자 중 한 사람이 상표권을 가지고 있고, 그 상표로 여러 사람이 함께 동업을 하는 경우도 적지 않다. 이 경우 상표권자인 동업자가 다른 동업자들에게 자신이 원하는 대로 하지 않는다면 상표 사용을 허락하지 않겠다는 실질적인 협박을 하는 경우가 종종 있다. 그리고 상표권의 가치가 높을수록 이러한 협박은 사실상의 강요로 이어지기도 한다.

이렇듯 지식재산은 눈에 보이지 않는 재산이기 때문에 평소에는 그

가치가 가늠이 되지 않다가도 분쟁의 핵심으로 자리하는 순간 뒤늦게 그 무게와 중요성을 뼈저리게 알게 된다는 특징이 있다. 그러므로 동업에서 지식재산 문제는 초창기부터 심도 있게 다루어져야 하는 문제이며, 분쟁의 여지가 보인다면 더 큰 파국을 맞이하기 전에 재빨리 손을 써야 하는 영역이라고 볼 수 있겠다.

조력자와 창작자는 다른 개념이다

앞서 본 바와 같이 동업체의 지식재산은 동업자들의 공동소유임이 원칙이다. 그런데 굳이 동업 관계가 아니더라도 지식재산을 공유해야 하는 경우가 있다. 대표적인 것이 바로 공동저작물의 경우이다. 가령, 철수 씨와 영희 씨가 재미로 짧은 동영상 한 편을 공동제작하였는데 철수 씨가 이를 자신의 유튜브 계정에 업로드 하여 수익을 얻었다면 영희 씨에게도 수익을 나눠주어야 한다는 것이 바로 공동저작물의 개념이다.

그런데 현실에서는 '공동제작'이라는 의미가 애매모호하다. 대체 어느 수준으로 제작에 참여해야 공동으로 제작했다고 볼 수 있는지 그 기준이 사안마다 달라지기 때문이다. 이 지점에서 '공동제작'의 문제는 동업에서 말하는 '공동경영'의 문제와 일맥상통하는 부분이 있다. 즉, 철수 씨는 유튜브 사업을 함에 있어 영희 씨로부터 조언을 얻은 줄로만 알았는데, 갑자기 영희 씨가 동업을 주장할 수도, 또 한편으로는 공동저작물을 주장할 수도 있다는 뜻이다.

사례를 한 번 구체화 해보자. 철수 씨는 오프라인으로 취업 관련 강의를 하던 강사였다. 어느 날 철수 씨는 자신의 강의를 유튜브로도 제작하여 수익을 올리기로 마음 먹었다. 그는 자신의 취업 관련 콘텐츠가 일단 유튜브에 업로드만 되면, 수많은 사람들에게 호응을 얻을 것이라는 강한 확신을 품고 있었다.

하지만 막상 영상을 촬영하고 동영상을 편집하는 일은 결코 쉬운 일이 아니었다. 촬영 환경은 어떻게 구성해야 할지, 편집은 어떤 스타일이 좋을지, 어떤 썸네일을 써야 대중의 집중도가 높을지, 막상 유튜브를 시작하자 수많은 의문이 몰려왔다.

그러던 중 철수 씨는 우연히 유튜브에서 영희 씨의 강의를 접하게 되었다. 영희 씨는 오랜 기간 유튜브로 동영상 강의를 해왔던 사람이었고, 영상의 구도나 말투, 편집까지 모든 것이 인상적이었다. 영희 씨가 보여주는 구성과 전달력은 철수 씨에게 큰 자극이 되었고, 철수 씨는 수소문 끝에 영희 씨의 연락처를 알아냈다.

처음에는 간단한 인사였다. 철수 씨는 영희 씨의 오랜 팬임을 자처하면서 영희 씨의 강의력에 존경을 보냈다. 영희 씨는 철수 씨의 관심을 반갑게 받아들였고, 이후에도 몇 차례 대화가 오갔다. 이에 철수 씨는 용기를 내어 자신도 동영상 강의를 유튜브에 업로드하고 싶은데 조언을 해줄 수 있겠냐고 물었다.

영희 씨는 흔쾌히 알겠다고 했다. 철수 씨가 자신의 강의 주제와 방향을 설명하면, 영희 씨는 본인이 겪은 시행착오를 설명해주면서 어떤 식으로 기획을 하면 좋을지 몇 가지 팁을 주었다. 그렇게 두 사람은 몇 주에 걸쳐 주기적으로 의견을 나누었고, 철수 씨는 그에 대한 감사의 의미로 소정의 대가를 지불하려고 했다. 액수는 크지 않았지만, 단순한 무료 조언이 아니라 일종의 컨설팅 개념이었다고 생각했던 것이다.

하지만, 영희 씨는 '지금 말고 나중에 잘 되면 달라'며 정중히 거절하였다. 오히려 철수 씨가 맛보기 영상을 제작해서 보여주면 디테일한 피드백을 해주겠다고 제안하였다. 철수 씨는 영희 씨의 너른 마음에 감탄하였고, 이왕 이렇게 된 김에 제대로 된 가르침을 받아보자는 생각으로 무작정 영상을 만들어 영희 씨에게 보냈다.

영희 씨는 철수 씨의 영상을 보고 많은 코멘트를 해주었다. 철수 씨는 이를 반영하여 다시 영상을 제작하였고, 영희 씨에게 다시 보여주었다. 이를 몇 번 반복하다보니 영희 씨는 철수 씨에게 '더 이상 가르쳐 줄 것이 없다'고 했다. 그러면서 '추후에도 얼마든지 물어보라'며 철수 씨의 앞날을 응원해주었다.

이후 철수 씨는 강의 콘텐츠를 홀로 제작하기 시작하였다. 출연도, 촬영도, 편집도 철수 씨가 모두 스스로 했다. 그렇게 몇 달이 지나, 철수 씨는 자신의 콘텐츠를 유튜브에 본격적으로 업로드하기 시작했다. 예상보다 반응이 좋았다. 무엇보다 영상의 구조가 매끄러웠고, 세련된 편집이 호평을 받았다. 철수 씨 채널의 조회수와 구독자수는 순식간에 불어났다.

그런데 갑자기 영희 씨가 철수 씨에게 내용증명을 보내왔다. 영희 씨의 입장은 이랬다. 철수 씨의 영상은 자신의 영상을 그대로 따라한 것으로 보이는데, 이는 자신이 알려준 기획 및 편집 기술을 그대로 적용하여 제작하였기 때문이며, 따라서 영희 씨에게도 철수 씨 영상에 대한 저작권이 있다는 것이었다. 따라서 철수 씨 영상물은 공동저작물에 해당하고, 그로 인한 수익을 영희 씨에게 분배해야 한다는 것으로 내용증명은 끝이 났다.

처음에 철수 씨는 황당할 따름이었다. 자신의 앞날을 응원해주던 영희 씨가 돌연 이렇게 입장을 바꾼게 이해가 되질 않았다. 영상 촬영과 편집 모두 자신이 직접 했으며, 영희 씨와 영상이 비슷한 것은 동영상 강의 콘텐츠의 특성상 불가피한 것이었다. 철수 씨는 영희 씨가 해준 조언이 고마워서 소정의 사례비를 지급하려 했지만, 그것이 영희 씨와 영상을 함께 만들었다는 뜻은 전혀 아니었다.

그렇지만 철수 씨는 굉장히 불안했다. 이미 스타 강사였던 영희 씨로부터 내용증명을 받은 것 자체가 상당한 부담으로 작용했다. 괜히 내용증명을 무시하고 동영상을 업로드하다가 법적 송사에 휘말려 큰 손해를 배상해야 할지도 모른다는 두려움도 엄습했다.

결국 철수 씨는 유튜브에 있는 동영상을 모두 내렸다. 대신, 다른 플랫폼에 새로운 동영상 강의를 제작해 올리기 시작했다. 이번에는 편집도, 촬영도 컨셉을 아예 바꿔서 진행했다. 그런데 이번에도 영희 씨로부터 내용증명이 왔다. 예전과 똑같은 내용이었다.

철수 씨는 지난 번과 달리 이번만큼은 전면 대응을 해야겠다고 생각했다. 이러다가는 평생 영희 씨의 내용증명만 받다가 아무것도 못할 것 같다는 울분이 생겼다. 철수 씨는 영희 씨의 요구가 부당하다는 취지의 답신을 하였고, 그러자 영희 씨는 곧바로 철수 씨를 상대로 소송을 걸었다.

처음에 영희 씨는 내용증명대로 공동저작물을 주장했다. 철수 씨는 영상 간의 유사성은 인정하면서도 영희 씨가 기여한 것은 전혀 없다고 맞섰다. 특히, 예전 유튜브 영상은 영희 씨의 직접적인 코치가 있었을지 몰라도, 지금 플랫폼의 영상은 과거 영희 씨의 조언과 아무런 인과관계가 없다고 강조하였다.

이에 영희 씨는 동업관계를 추가로 주장하기 시작하였다. 자신은 동영상 강의 제작 노하우를 철수 씨에게 전수하고, 철수 씨는 그 노하우를 가지고 영상을 제작하기로 서로 합의하였다는 것이다. 그리고 동업의 근거로서 '지금 말고 나중에 잘 되면 달라'고 말한 점과, 이에 철수 씨가 묵시적으로 그 말에 동의한 다음 영상 피드백을 계속 받았다는 점을 들었다.

철수 씨는 동업관계가 형성될 만큼 구체적 조건에 대한 합의도 없었고, 위 대화는 자신이 소정의 대가를 지불하려고 하자 영희 씨가 이를 거절하는 과정에서 나온 것임을 강조하였다. 결국 소송은 철수 씨의 승리로 끝이 났지만, 치열한 공방 속에서 철수 씨는 판결 선고 전날까지도 밤잠을 못 이루며 온 신경을 여기에 써야만 했다.

이 사례는 콘텐츠 제작에 관여한 사람들이, 언제 어떻게 분쟁을 일으킬 수 있는지를 잘 보여준다. 철수 씨 입장에서는 단지 조언을 들었던 것뿐이고, 실제 동영상 제작은 혼자서 모든 것을 다했기 때문에, 분쟁이 발생하리라고는 상상도 못했을 것이다.

하지만 상대방이 '함께 만들었다'고 주장하기 시작한다면 상황은 복잡해진다. 콘텐츠는 하나의 단어 또는 문장에서 곧바로 파생되는 것이 아니라, 수많은 독창적 표현의 복잡한 상호작용을 거쳐 만들어지는 하나의 창작물이기 때문에, 과연 어느 수준의 참여가 '공동제작'으로 인정되는지, 어디까지가 조언이고 어디부터가 창작인지, 이를 명확하게 구분하기가 매우 쉽지 않다.

하물며 상대방이 '함께 사업을 하기로 했다'고 주장하면 머리는 더 복잡해진다. 몇몇 증거들을 가지고 그럴싸하게 포장한 상대방의 서면을 받으면 진짜 이렇게 판단되는 것 아니냐는 불안함에 몇 날 밤을 지새우기도 한다. 애초부터 이 사람과의 관계를 확실하게 정리했다면 어땠을까 하는 의미 없는 후회에 빠지기도 한다.

콘텐츠 제작이나 창작활동이 점점 더 다수의 협력자에 의해 이뤄지는 오늘날, 단순한 조언과 실질적 기여의 경계는 점점 희미해지고 있다. 그러나 양자는 법적 평가가 극명하게 갈릴 수 있다. 따라서 다수의 사람들과 함께 콘텐츠를 제작하려고 한다면, 조력자와 창작자의 경계를 처음부터 명확하게 구분 짓는 연습을 하는 것이 좋겠다.

동업에서 영업비밀은 독이 든 성배일 수 있다

모든 경우는 아니겠지만, 사업을 하다 보면 노하우가 축적되기 마련이다. 축적된 노하우는 사업경쟁력의 원천이 되고, 누구든지 자신만의 노하우를 다른 사람에게 쉽게 알려주지 않으려고 한다. 문제는 동업이다. 동업의 경우 동업자들은 이러한 노하우를 상호 공유할 가능성이 높다. 그러다 보니 동업자 중 한 사람이 이 노하우를 몰래 훔쳐 독자적으로 사업을 하게 되면, 나머지 동업자들 입장에서는 매우 큰 타격을 입을 수 있게 된다.

이런 노하우는 공개적으로 특허권을 출원한다든지, 디자인권, 실용신안권 등을 등록함으로써 법의 보호를 받을 수 있다. 그런데 이러한 노하우를 영업비밀의 형태로 보호하려는 사업자들도 많이 존재한다. 양자의 차이를 간단히 살펴보자. 우선, 우리나라의 지식재산 보호 법체계는 크게 '공개를 통한 적극적 보호'와 '비공개로 인한 소극적 보호'로 나눌 수 있다. 전자는 앞서 말한 특허 등을 통하여 공개적으로 그 권리를 인정받는 형태이고, 후자는 영업비밀 등 해당성을 주장 및 입증하여야 비로소 침해자를 처벌하거나 손해의 배상을 받을 수 있는 사후적 권리보전 방식이라고 할 수 있겠다. 그러다 보니 동업관계에 있어서도 노하우, 영업비밀과 같은 '소극적 보호' 형태의 지식재산을 둘러싼 분쟁이 다수 발생하게 된다. 예를 들어 살펴보자.

영희 씨와 정숙 씨는 원래 서로 전혀 다른 길을 걷던 사람들이었다. 영희 씨는 프랜차이즈 카페에서 오랫동안 점장으로 일하며 외식업 전반에 대한 노하우를 쌓아왔었다. 메뉴 구성, 재료 수급, 고객 응대까지 외식업의 전 영역을 폭넓게 경험했고, 언젠가 자신만의 가게를 차려보겠다는 꿈을 꾸고 있었다. 정숙 씨는 반대로 전업 주부로 오랜 시간을 보내다 우연히 요리 학원을 다니게 된 이후부터 요리에 깊이 빠지게 되었고, 집에서도 다양한 레시피를 시도하며 자신만의 색깔을 점차 만들어가던 중이었다.

두 사람은 한 지인의 소개로 만나게 되었다. 공통의 관심사였던 '음식'에 대해 대화를 나누던 중, 서로가 생각보다 잘 맞는다는 걸 알게 되었고, 자연스럽게 '한번 가게를 같이 해보는 게 어떻겠냐'는 이야기가 오갔다. 영희 씨는 외식업 운영 전반에 대한 실무 경험이 있었고, 정숙 씨는 음식 솜씨에 뛰어난 감각을 가지고 있었기 때문에, 두 사람이 힘을 합치면 뭔가 해볼 수 있겠다는 희망이 뚜렷하게 보였다.

이들은 결국 자그마한 골목 상권에 음식점을 하나 열게 되었다. 주력 메뉴는 많지 않았다. 하지만 음식은 노포 못지 않은 깊은 맛이 있었고, 무엇보다도 정성이 느껴지는 밑반찬과 구성이 사람들의 이목을 사로잡았다. 여기에 영희 씨의 점포 운영 경험이 더해지면서, 가게는 생각보다 빠르게 입소문을 타기 시작했다. 점심시간이면 줄을 서야 할 정도로 손님이 많아졌고, 지역 방송에도 몇 차례 소개되며 명소로 떠오르기까지 했다.

처음 몇 개월은 정말 꿈만 같았다. 두 사람은 모든 것을 함께 결정했고, 서로를 존중했다. 메뉴를 조정하거나 새로운 시도를 할 때도 늘 함께 상의했고, 매출이 늘어날수록 자신들의 능력과 노력이 인정받는다는 뿌듯함도 함께 나눌 수 있었다. 특히 정숙 씨가 개발한 몇 가지 특제 양념과 조리 방식은 다른 음식점과의 차별성을 가지기에 충분했고, 영희 씨는 그런 레시피를 아끼고 보호하기 위해 원가와 조리법을 정리한 문서를 작성한 다음 비밀문서로 철저히 관리하기도 했다.

하지만 늘 그렇듯, 시간이 지나면서 두 사람 사이에도 균열이 생기기 시작했다. 영희 씨는 가맹사업이나 배달앱 등 사업의 확장을 원했지만, 정숙 씨는 그저 오랜 노포처럼 한 자리에서 자신의 음식을 애써 찾아오는 사람들에게만 집중하기를 원했다.

게다가 수익 배분 문제도 예민한 이슈가 되었다. 처음엔 반반씩 나누기로 했지만, 정숙 씨는 자신이 개발한 메뉴가 가게의 핵심이라며 더 많은 기여도를 인정받고 싶어 했다. 반면, 영희 씨는 정숙 씨가 없었더라도 자신은 다른 요리사와 함께 이만큼의 성공은 충분히 가능했다고 생각했다.

결국 이들의 갈등은 깊어졌고, 정숙 씨는 "나 없이 한 번 잘 해보라"는 말을 남기고 가게를 떠났다. 영희 씨는 허탈했지만 가게 운영을 계속 이어가기 위해 기존 레시피를 바탕으로 새로운 직원을 채용하고 안정화를 시도했다. 그런데 얼마 후 영희 씨는 충격적인 소식을 듣게 된다. 정숙 씨가 근처에 새로운 음식점을 차렸다는 것이었다. 더 놀라운 건, 두 음식점의 주력 메뉴뿐만 아니라, 밑반찬 구성과 플레이팅, 조리법까지 똑 닮았다는 사실이었다. 심지어 SNS 홍보 문구마저 유사한 표현이 많았다.

이에 분노한 영희 씨는 정숙 씨를 상대로 영업비밀 침해 소송을 제기하기에 이른다. 그녀는 정숙 씨가 핵심 레시피를 무단으로 훔쳐서 새로운 가게를 운영하고 있다고 주장했다. 반면 정숙 씨는 요리 레시피는 누구나 생각할 수 있는 상식 수준의 조합이고, 이마저도 영희 씨가 아닌 정숙 씨가 창작한 결과물이라는 입장을 폈다. 법정 공방은 꽤나 길어졌고, 이 과정에서 '영업비밀'이라는 개념이 양측의 중요한 쟁점이 되었다.

여기서 영업비밀의 개념을 잠깐 살펴보자. 영업비밀은 법에서 요건을 직접 정하고 있다. 첫 번째 요건은 '비공지성'이라고 하여, 일반에게 널리 알려져 있지 않아야 한다는 점을 충족하여야 한다. 둘째로 '경제적 유용성'이라 하여, 해당 정보가 영업상 유용할 뿐만 아니라 경쟁에서 우위를 줄 수 있는 실질적 가치가 있어야 한다. 마지막으로 '비밀관리성'이라 하여, 해당 정보에 대한 접근과 보관이 비밀로서 보관되고 관리되어야 한다.

영희 씨는 음식 레시피가 영업비밀 요건을 충족한다는 점을 입증하는 데 한계를 느꼈다. 이에 영업비밀 침해가 인정되지 않을 것을 대비하여, '성과물 도용'에 따른 손해배상 청구를 예비적으로 주장하였다. 성과물 도용에 대하여 우리 대법원은 '타인의 상당한 노력과 투자에 의하여 구축한 성과물을 상도덕이나 공정한 경쟁질서에 반하여 무단으로 이용함으로써 타인의 노력과 투자에 편승하여 부당한 이익을 얻는 것은 불법행위에 해당한다'는 입장이다.

그러나 실무에서는 성과물 도용 역시 입증하기가 상당히 까다롭다. 일단 '상당한 투자나 노력으로 만들어진 것'임을 입증하여야 하는데, 이 상당성이라는 개념이 너무나도 모호하다 보니 정해진 기준이 없다. 더구나 두 사람은 동업관계라는 특수성이 있었기 때문에, 정숙 씨가 개발한 레시피를 정숙 씨가 사용하는 것이 과연 상도덕이나 공정한 경쟁질서에 반하는지도 의문이었다.

결국 영희 씨는 소송에서 지게 되었다. 하지만 아직도 영희 씨와 정숙 씨는 '자신이 원조'라면서 계속 소송 중이다. 영희 씨는 자신이 먼저 가게를 만들었다는 입장이고, 정숙 씨는 자신이 먼저 음식을 만들었다는 입장이다. 물론, 영희 씨와 정숙 씨의 두 가게는 나름대로 골목의 양대 산맥을 이루면서 영업은 계속 번창해갈 수 있었다. 다만, 여전히 영희 씨와 정숙 씨 마음에는 서로의 대한 앙금이 남아 있다. 지금도 서로에 대한 얘기를 하면 목소리부터 높아지는 그들이다. '저 사람이 내 영업비밀을 훔쳐 쓰고 있어요!'

이처럼 영업비밀이나 성과물은 사후적 보호를 받기가 까다롭다보니, 아예 분쟁의 씨앗 자체를 제거해버리는 방법을 선택하는 동업자들도 많이 있다. 대표적인 것이 '경업금지' 계약이다. 동업관계가 끝난 뒤 일정 기간 동안 유사 업종에서 유사한 형태의 사업을 하지 않기로 약속하는 것을 의미한다. 그런데 이 경업금지조항도 한계는 분명 존재한다. 헌법상 직업선택의 자유를 너무 제약하는 형태의 약정이 되면, 약정 자체가 무효가 될 수도 있기 때문이다.

위와 같은 사례는 외식업계에서 결코 드문 일이 아니다. 이미 많은 사람들이 알고 있듯이, 유명 치킨브랜드 간에서도 레시피 귀속을 둘러싸고 소송전을 벌인 바 있다. 법원은 문제된 조리법이 영업비밀로 인정받기에 증거가 부족하다고 판단하였다. 이처럼 영업비밀로 인정받기 위해선 매우 높은 기준이 적용되며, 현실에서 이를 입증하기란 결코 쉽지 않다.

그렇다고 '보호받기 어렵다'는 이유만으로 아무런 조치를 취하지 않는다면, 더 큰 리스크에 노출될 수 있다. 특히 동업자는 누구보다 내부 정보를 잘 알고 있기 때문에, 영업비밀 침해의 위험성이 외부인보다도 오히려 더 크다. 정보 유출이 물리적인 절취의 형태로 일어나는 게 아니라, '기억에 의한 재현'의 형태로 발생한다는 점에서도 문제가 된다. 즉, 동업을 하면서 익힌 기술과 노하우를 본인의 경험이라 주장하며 사용하는 경우, 법적 다툼이 복잡해질 수밖에 없다.

이런 상황을 예방하기 위한 현실적 대안은, 동업을 하다가 어느 정도 지식재산이 쌓이게 되면 영업비밀협약서(NDA) 같은 간단한 문서를 한 번 작성해보는 것이다. 여기에 앞서 말한 경업금지조항 외에도 '지식재산 귀속 조항'을 넣어 권리관계를 분명히 할 수도 있다. 예를 들어, '동업 관계에서 개발된 모든 레시피, 메뉴, 상표, 마케팅 전략 등의 소유권은 회사(또는 특정 인물)에게 귀속된다'고 명시하고, 그것들이 구체적으로 무엇인지 서면으로 남기면 된다. 동업자들이 균등하게 공유를 해도 좋다. 이럴 때는 다른 공유자들의 동의 없이 해당 지식재산을 동업사업 외 다른 용도로 사용해서는 안 된다는 단서를 달면 더욱 안심이 될 것이다. 나아가 '퇴사 또는 동업 종료 시에는 해당 정보 일체를 반환, 폐기

하고, 이를 본인 또는 제3자로 하여금 사용하게 하여서는 아니 된다'는 식의 내용도 담아 두는 게 필요할 수 있다.

한편, '영업비밀'은 관리를 하는 방식도 매우 중요하다. 예를 들어 동업자가 음식점을 하고 있는데, 매번 뒤바뀌는 주방장에게 특제 레시피를 계속 알려준다면 그게 과연 동업자들만의 영업비밀이라고 할 수 있겠는가? 이처럼 공동경영이라는 특수한 협업 구조 속에서는 정보의 소유권과 활용 권한을 사전에 조율하지 않으면 결국 그 아무도 권리를 인정받지 못하는 불합리한 상황에 처할 수 있다.

음식점이든 IT 회사든, 공동의 아이디어와 노력으로 사업이 수행되는 상황이라면, 사전에 '지식재산의 귀속'과 '경업 제한의 범위'를 구체적으로 정해두는 것이 분쟁 예방의 핵심이 될 수 있다. 영희 씨와 정숙 씨의 사례는 결국 '가장 가까운 사람에게서 가장 큰 위협이 발생할 수 있다'는 냉혹한 현실을 보여준다. 그러나 그 현실을 미리 준비하고 대비할 수 있다면, 동업은 여전히 아름다운 협업 모델이 될 수 있다.

동업은 그 자체로 한 편의 드라마다. 이해관계가 얽히고, 관계가 깊어지고, 때로는 배신도 있고 웃음도 있고 눈물도 있다. 하지만 이 드라마의 결말이 아름답기 위해서는 시작부터 균형 잡힌 각본이 필요하다. 특히나 눈에 보이지 않는 무형의 재산, 즉 지식재산의 경우는 훗날 분쟁이 발생한 뒤에 이를 지키려 해도 이미 엎질러진 물이자, 소 잃고 외양간 고치기 식으로 결말이 나는 경우가 많다. 따라서 동업과 지식재산은 고도화된 정보화 사회 속에서 가장 핵심적으로 다루어져야 할 주제이자, 동업자들도 매우 높은 수준의 관심을 가지고 관리를 하여야 하는 부분이라고 강조할 수 있다.

6

동업과 형사

공금 횡령은 남의 일이 아니다

형사 사건이라고 하면 아마 대부분의 사람들은 뉴스나 드라마에서나 나오는 이야기일 뿐이지 실제 나와는 먼 얘기라고 생각하기 쉽다. 특히나 횡령, 배임과 같은 경제사범은 대기업이나 유명 인사들한테나 일어나는 일이지, 우리네 일상에서 발생할 일이라고는 상상조차 못하는 경우가 많다. 그런데 경제 범죄는 생각보다 우리 일상생활에서도 매우 빈번하게 일어난다. 단순히 누군가의 물건을 훔치는 것뿐만 아니라, 여러 사람의 공금을 남몰래 빼돌린다든지, 누군가의 이익을 위해 종사해야 하는 사람이 정작 자신의 이익을 위해 배신적 행위를 하는 것도 폭넓게 보아 경제 범죄에 해당할 수 있다.

동업자 사이에서 형사 사건이 일어난다면 어떨까. 서로 미운 감정에 욕설도 하고 밀치기도 하고, 그러면서 폭행이니 모욕이니 하며 경찰에 신고하는 상황이 일단 떠오른다. 하지만 그런 것은 비단 동업이라는 이유만으로 발생하는 범죄는 아닐 것이다. 동업이라는 상황을 이용하여 다른 동업자에게 경제적 손해를 입히는 범죄가 바로 동업 범죄이다. 더구나 신뢰를 기반으로 하는 동업관계에서 형사 사건이 발생하면 그 충격은 이루 말할 수 없을 정도이다. 너무나도 슬픈 이야기겠지만, 한 번 대표적인 사례들을 보면서 문제점을 정리해보자.

철수 씨와 경수 씨는 오랜 친구 사이였다. 둘은 학창 시절부터 같은 반에 여러 번 배정되기도 하고 초중고를 함께 나오는 등 자타공인 죽마고우였다. 두 사람은 성인이 된 후에도 가끔 만나 술잔을 기울이며 이런저런 인생 이야기를 나누곤 했다. 어느 날 둘은 각자의 직장 생활에 염증을 느끼던 차에, 함께 창업을 하자는 이야기를 꺼내게 되었다. 주변에서는 친할수록 같이 일하지 말라고 말렸지만, 철수 씨와 경수 씨는 왠지 몰라도 점차 희망을 가지게 되었다. 마음 맞는 친구와 함께라면 힘든 사업도 즐겁게 할 수 있을 것 같았다. 그렇게 둘은 작은 카페를 열기로 했다.

창업 준비는 나름대로 철저하게 진행되었다. 둘은 카페를 차리기로 하였고, 창업 비용을 1/2씩 부담하기로 했다. 다만, 사업자는 경수 씨 명의로 하기로 했다. 이유는 간단했다. 경수 씨의 신용점수가 더 높았고, 은행 대출을 받기도 수월했기 때문이다. 그러면서 자연스럽게 사업자 통장도 경수 씨가 사용하던 개인통장을 계속 사용하기로 하였다. 물론, 이제부터 그 통장은 오직 동업을 위한 통장으로만 사용하기로 두 사람은 굳건히 약속했다.

두 사람은 카페 인테리어에만 수 개월을 할애하였다. 화분부터 소품까지 신경을 써서 준비했다. 그 과정에서 두 사람은 신기하리만치 다툼이 없었다. 오히려 서로 마음이 너무나도 잘 통해 역시 죽마고우는 다르다는 생각만 되뇌일 뿐이었다.

전염병 등으로 모두가 힘든 시기였지만, 인테리어의 포근한 분위기가 주는 위안감 때문인지 두 사람의 카페는 입소문을 타기 시작했다. 경수 씨는 매달 수익과 비용을 엑셀 파일로 정리해서 철수 씨에게 보내주었고, 철수 씨는 별다른 의심 없이 이를 받아들였다. 그저 친구를 믿었기 때문이었다. 오랜 친구였고, 가족보다도 더 편한 사이였기에 복잡한 계산서를 꼼꼼히 따질 생각조차 하지 않았다.

그러던 어느 날, 경수 씨는 철수 씨에게 급하게 쓸 곳이 있다며 돈을 조금 빌려달라고 했다. 철수 씨는 경수 씨의 안색이 너무 안 좋아 보여 혹시 무슨 일이 생겼냐고 물었다. 그랬더니 경수 씨는 아버지가 급하게 수술을 받아야 한다며 병원비가 필요하다고 했다. 철수 씨는 일말의 의심조차 하지 않고 흔쾌히 돈을 빌려주었다. 그동안 경수 씨가 사업을 위해 열심히 노력해 왔고, 다른 걸 다 떠나서 친구로서 당연하게 해야 할 일이라고 생각했다.

그런데 며칠 후, 철수 씨는 경수 씨가 요즘 도박장을 자주 드나든다는 소문을 듣게 되었다. 처음에는 그 소문을 믿지 않았다. 사실 신경조차 쓰이질 않았다. 하지만 소문은 계속 들려왔고, 점점 내용은 구체화되었다. 결국 경수 씨가 도박으로 수억 원의 돈을 잃었다는 이야기를 듣기에 이르렀다.

불안해진 철수 씨는 경수 씨를 찾아가 사실 여부를 물었다. 경수 씨는 처음에는 부인했지만, 결국 눈물을 글썽이며 도박 사실을 털어놓았다. 문제는 거기서 끝나지 않았다. 철수 씨는 사업자 통장에 대한 의

구심이 들기 시작했다. 혹시 경수 씨가 사업자금을 도박자금으로 사용한 것은 아닐까 하고 심히 염려됐다. 그는 경수 씨에게 통장 내역을 당장 내놓으라고 요구했다. 경수 씨는 처음에는 사생활 침해라며 완강히 거부했지만, 결국 최근 1년 치 통장 거래내역을 넘겨주었다.

철수 씨는 통장 내역을 확인하고 충격을 받았다. 경수 씨가 매달 수백만 원씩 자신보다 더 많은 돈을 인출하고 있었던 것이다. 엑셀 파일로 정리된 자료와 실제 통장 거래 내역은 큰 차이를 보였다. 철수 씨는 눈앞이 캄캄해진다는 이야기를 그제서야 실감하게 되었다. 며칠 동안은 이 상황을 어떻게 해결해야 할지도 몰라 멍한 상태로만 지냈다. 경수 씨에게 다시 회계내역을 정리해보라고 시킬까, 경수 씨와의 우정을 지키고 동업을 계속 할까, 온갖 생각이 다 들었다. 하지만 철수 씨에게 당장 중요한 것은 우정이 아니었다. 무엇보다 잘못은 경수 씨가 한 것이지 철수 씨가 한 것이 아니었다. 결국 철수 씨는 마음을 굳게 먹었다.

철수 씨는 곧장 경수 씨를 찾아가 자초지종을 추궁했다. 그런데 놀랍게도 경수 씨는 마치 준비된 대본을 읽는 것처럼 대답을 했다. 우선, 경수 씨는 철수 씨보다 돈을 더 많이 가져간 이유에 대하여, 자신이 카페 운영에 필요한 각종 비용을 먼저 개인 돈으로 지출했기 때문에 그만큼의 돈을 더 가져간 것뿐이라고 하였다. 그러나 그 비용의 구체적인 지출 내역은 없었고, 어디에 얼마를 썼는지, 누구에게 얼마를 지급했는지, 명확하게 기억이 안 난다는 말만 앵무새처럼 반복하였다.

철수 씨는 이 모든 상황을 외면하고 싶었다. 수 십년지기 친구가 거짓말을 하여 자신으로부터 도박자금을 빌려갔을 뿐만 아니라, 공동 사업자금을 사적으로 사용한 것이 모두 드러났음에도, 미안한 감정은커녕 책임만 회피하려는 경수 씨 모습에 철수 씨는 더 이상 차오르는 분노를 참을 수 없었다. 그는 경수 씨를 사기와 횡령죄로 고소하기로 결심했다.

그런데 사건은 생각처럼 단순하지 않았다. 거짓말로 돈을 빌린 사기죄는 경수 씨도 인정을 했기 때문에 범죄 입증에 큰 어려움이 없었으나 문제는 횡령죄였다. 경찰 수사 과정에서 경수 씨는 횡령과 관련된 모든 혐의를 부인했다. 그는 사업자금을 개인적으로 착복한 적이 없으며, 카페 운영을 위해 필요한 각종 비용을 먼저 본인 돈으로 부담한 것을 나중에 가져간 것이라는 주장을 되풀이했다. 다만, 관련 영수증이나 지출 증빙 자료는 제대로 제출하지 못했다. 철수 씨는 분노했지만, 수사는 예상보다 지지부진하게 진행되었다.

이러한 상황은 실제 동업 관계에서 자주 발생한다. 사업자 통장과 개인 통장이 명확히 구분되지 않은 채 운영되면, 나중에 사업자 지출과 개인 지출의 경계가 모호해지고, 결국 누가 얼마를 썼고 얼마를 벌었는지 정확히 따지기가 어려워진다. 특히 현금거래가 빈번한 업종에서는 더욱 그렇다. 이렇게 되면, 동업자 중 한 명이 자금을 어떻게 유용했는지 여부를 입증하기가 매우 어렵게 된다.

법적으로 동업자금은 동업체에 귀속된다. 이는 공동소유의 성격을 가지므로(엄밀하게 말해 법적으로는 합유 관계라고도 한다), 한 명이 이를 임의로 소비하거나 인출하면 횡령이 성립될 수 있다. 하지만 문제는 고의성, 즉 불법영득의사를 입증해야 한다는 점이다. 단순히 돈을 인출했다는 사실만으로는 부족하고, 그 돈을 사적으로 사용하려는 의도가 있었다는 점까지 입증해야 한다. 경수 씨처럼 '사업을 위한 지출이었다'고 주장하면 수사는 미궁에 빠질 수 있다.

더욱이 경수 씨와 철수 씨는 명확한 회계 규칙을 정해두지 않았다. 사업자통장에 입금된 돈 중에 사업매출로 입금된 것과 경수 씨 개인 몫으로 입금된 돈이 구분되지 않았고, 이는 출금된 돈의 경우도 마찬가지였다. 경수 씨가 매달 작성한 엑셀 파일은 있었지만, 실제 거래내역과 일치하지 않는 부분이 많았다. 결과적으로 경수 씨의 횡령을 입증하는 것은 쉬운 일이 아니었다.

철수 씨는 좌절했다. 분명히 자신이 피해를 입었다고 생각했지만, 법적으로 이를 입증하는 게 쉽지만은 않다는 사실이 믿겨지질 않았다.

앞서 서술하였듯이, 동업을 할 때에는 사업자 통장과 개인 통장을 분리하는 게 좋다. 나아가 동업체의 모든 수입과 지출은 투명하게 기록되어야 하고, 동업자들이 정기적으로 회계 내역을 함께 검토할 수 있어야 하며, 수익 배분 내역도 꼼꼼히 기록해두어야 한다. 그저 누군가 알아서 하겠지라는 생각이 결국 화를 부르게 된다.

이를 위해서는 동업 초기에 회계 기준이나 자금 관리 규정을 설정하고, 이를 문서화하는 것이 좋다. 예를 들어, 매출금은 반드시 사업자 통장으로만 입금하고, 모든 지출은 영수증을 첨부하여 기록하는 식이다. 사업 경비를 개인이 먼저 부담했을 경우에도, 사후에 증빙을 통해서만 환급 받도록 규정을 마련해야 한다. 이를 어겼을 경우에는 경비를 인정해주지 않는다는 등의 제재 조항을 두는 것도 고려할 수 있다.

나아가, 동업계약서에 회계 감사 절차를 보다 명확하게 포함시키는 것도 좋다. 예를 들어, 일정 기간마다 외부 회계사를 통한 감사 절차를 두거나, 이것이 너무 부담스럽다면 적어도 동업자 간에 교차 검토를 의

무화하는 방식이다. 이는 서로를 불신해서 이뤄지는 과정이 아니라, 신뢰를 증명하는 과정이라고 생각하여야 한다.

사실 방금 보았던 사례는 너무나도 흔한 동업 실패담 중 하나일 뿐이다. 동업은 단순한 돈벌이가 아니라 개인 간의 신뢰, 그리고 이를 기초로 한 시스템이 어우러진 복합적 활동이다. 그래서 시스템이 작동하지 않으면 신뢰는 그저 빛 좋은 개살구에 불과한 경우가 많다.

그렇기 때문에 만일 동업을 계획하고 있다면, 먼저 '이 사람이 믿을 만한 사람인가'를 따지기 전에 '이 관계를 어떻게 시스템화할 것인가'를 고민해야 한다. 현실에서는 '우리가 그렇게까지 할 필요 있겠어?'라며 간과하는 경우가 대부분이다. 그러나 오히려 친한 사이일수록 명확한 규정을 마련해두어야 한다. 신뢰를 담보할 수 있는 체계가 없다면, 언젠가는 크든 작든 반드시 문제가 터진다. 그리고 그때는, 아무리 가까웠던 사이라도 돌이킬 수 없는 상처만 남게 된다.

사례를 거듭할수록, 결국 동업의 핵심은 '무형의 신뢰'가 아니라 '유형의 시스템'이 중요하다는 점을 다시금 깨닫게 된다. 그리고 이 시스템은 거창할 필요가 없다. 사업운영의 기준을 세워서 상호 동의를 했다는 점을 입증만 할 수 있으면 된다. 반대로 신뢰는 사람의 마음 속을 들여다봐야 하는 것이라 애당초부터 입증의 대상이 되지도 않고, 무엇보다 사람의 마음은 시간이 지나면서 변하기 마련이다. '무형의 신뢰'와 '유형의 시스템', 이 둘 중에서 무엇을 선택할지는 당신의 손에 달려있다.

믿는 도끼에 발등 찍힌다

동업자에게 사기를 당했다면 어떤 기분일까. 그냥 모르던 사람에게 사기를 당하여도 분개하기 마련인데, 마음도 정도 다 주었던 동업자가 알고 보니 나를 기망하였다는 사실을 아는 순간 대부분 사람들은 우선 혼란에 빠진다. 특히 오랜 시간 동안 함께해 온 동업자 관계라면, 그 혼란과 충격은 이성적 사고를 마비시킬 정도로 거대하게 밀려온다. 상상도 하기 싫은 끔찍한 상황이지만, 동업의 세계에서는 이러한 상황이 종종 발생한다. 필자도 이러한 경우를 마주하면 의뢰인의 감정 컨트롤에 더 신경을 쓰곤 한다. 간단한 예를 들어보자.

철수 씨와 경수 씨는 초등학교 동창이었다. 주변에 공통분모가 많아서 늘 자주 마주치는 사이었다. 세월이 지나도 철수 씨와 경수 씨는 한 다리 건너 소식으로 서로의 근황을 잘 알고 있었다. 철수 씨는 고등학교를 졸업하자마자 자영업을 시작해 어느 정도 성공을 거두었고, 경수 씨 역시 사업가로서 이름을 알리며 제법 많은 돈을 벌었다는 소문이 돌았었다. 둘은 바쁜 생활 속에서도 그렇게 서로의 상황을 어느 정도는 알고 지내왔었다.

그러던 어느 날, 경수 씨가 철수 씨에게 갑자기 연락을 해왔다. 초등 동창의 오랜만의 연락에 철수 씨는 내심 반가웠고, 달리 경수 씨를 경계할 이유도 없었다. 밥 한 번 먹자는 약속이 자연스럽게 술자리로 이어졌고, 대화는 사업 이야기로 흘러갔다. 경수 씨는 요즘 고급가구 유통사업을 하고 있다며, 생각보다 수익이 좋다고 말했다. 인터넷을 통한 판매 방식이었는데, 고객이 주문하면 자신이 더 저렴한 가격에 가구를 구입해서 보내주면 된다는 간단한 방식이었다.

철수 씨는 경수 씨의 이야기에 귀를 기울였다. 사업구조도 간단했고, 무엇보다 오랜 친구가 하는 일이라는 점에서 신뢰가 갔다. 철수 씨가 관심을 보이자 경수 씨는 슬쩍 제안을 던졌다. 투자할 생각이 없느냐는 것이었다. 투자금만 맡기면 나머지 업무는 자신이 알아서 할 것이고 매달 수익금을 얼마 정도씩 줄 수 있을 것이라고 구체적인 비전까지 제시했다. 심지어 그 자리에서 자신이 운영하는 사업체 사진과 회계장표를 스스럼없이 보여주기도 하였다.

집에 돌아 온 철수 씨는 고민에 잠겼다. 아무리 친구라도 돈을 함부로 주는 것은 위험하다는 생각부터 들었기 때문이다. 하지만 사람은 합리화의 동물이라고 하지 않던가. 철수 씨는 자신이 보유하고 있는 현금을 부풀리고 싶은 욕심이 늘 있었는데, 소심한 성격에 투자 같은 것을 적극적으로 하지 못하던 중이었다. 그런데 경수 씨가 투자를 제안했고, 사업성은 확실해보였다. 결국 철수 씨는 투자를 결심하고 경수 씨에게 다시 연락을 하였다.

둘은 간단한 동업계약서를 작성했다. 철수 씨는 투자금만 제공하고, 경수 씨는 실질적인 운영을 맡는 구조였다. 계약서에는 수익을 어떻게 나눌 것인지, 투자금 반환 조건은 무엇인지 등이 담겼다. 서툰 문서였지만, 철수 씨는 친구를 믿었다.

늘 그렇듯 처음에는 모든 것이 순조로웠다. 철수 씨가 투자금을 넣으면, 경수 씨는 한 달도 안 되어 2배, 3배로 수익금을 돌려주었다. 철수 씨는 놀라움을 금치 못했다. 이게 말이 되는가 싶기도 하고, 그러다보니 왠지 모를 두려움도 생겼다. 하지만 어쨌든 돈이 불어나는 것을 확인하니 이러한 걱정은 점차 사라지게 되었고, 경수 씨에게 고마운 마음만이 가득해지기 시작했다. 그렇게 철수 씨는 점점 더 큰 금액을 투자하기 시작했다. 경수 씨도 그런 철수 씨를 매번 반갑게 맞았다.

하지만 철수 씨의 행복은 그리 오래가지 않았다. 어느 순간부터 경수 씨가 수익금을 돌려주는 속도가 느려지기 시작했다. 철수 씨가 다그치자, 경수 씨는 물류업체 문제로 자신이 오히려 환불금을 더 내놓고 있다면서, 투자금을 더 줄 수 있냐는 황당한 변명을 했다. 투자금이 더 들어오면 가구를 더 많이 사서 이를 더 저렴하게 한 번에 배송할 수 있는 물류업체를 찾을 수 있다고 했다. 철수 씨는 무슨 말인지 잘 몰랐지만, 경수 씨가 잠깐 현금흐름에 경직이 온 것 같다는 생각에 추가로 돈을 경수 씨에게 주었다. 그러나 이후에도 상황은 나아지지 않았다. 경수 씨는 계속 시간을 끌었고, 급기야 돌연 연락을 끊었다.

철수 씨는 불길한 예감을 떨칠 수 없었다. 수소문 끝에 알게 된 사실은 충격적이었다. 경수 씨는 철수 씨뿐만 아니라 여러 사람들에게 같은 수법으로 투자를 유치하고 있었던 것이다. 투자금은 가구 구매에 쓰인 것이 아니라 경수 씨의 유흥비로 사용되었고, 투자자들에게 줄 수익금은 다른 투자자들로부터 받은 투자금으로 다시 지급하는 이른바 '돌려

막기' 수법이 사용되었다. 전형적인 폰지 사기였다.

철수 씨는 일주일 동안은 넋이 나간 채 아무런 생각도 못하고 있었다. 그런 철수 씨의 사정을 아는 친구가 직접 변호사를 소개해주어 일단 상담부터 받으라고 하였다. 하지만 아무리 변호사 상담을 받아도 철수 씨는 이 상황이 실감나지 않았다. 친구에게 배신당했다는 수치심, 거액의 돈을 잃은 상실감, 이게 진짜일 리 없다는 몸부림. 이런 것들이 철수 씨의 이성을 마비시켰다.

결국 철수 씨는 친구로부터 호되게 야단을 맞은 다음에야 이성적으로 돌아올 수 있었다. 지금 피해자가 한 둘이 아닌데 너 혼자만 가만히 있을 것이냐는 말에 정신이 번쩍 들었다. 더 이상 감정에 얽매이지 않고 법의 도움을 받기로 결심했다. 그는 경수 씨를 사기죄로 고소하고 민사소송을 진행했다. 송사가 시작되자, 경수 씨는 애당초부터 투자금을 정상적으로 운용할 의사나 능력이 없었다는 사실이 드러났다. 돈을 뜯어내기 위해 거짓말을 한 것이 기망행위로 인정되었고, 결국 경수 씨는 형사재판에도 넘겨졌다.

여기서 잠깐, 동업자금을 경수 씨가 마음대로 사용했다면 횡령죄 역시 성립하는 게 아닌가 하는 생각도 든다. 그러나 이번 사례에서 철수 씨와 경수 씨의 관계는 일반적인 동업관계와는 조금 달랐다. 철수 씨는 사업에 관여하지 않고 오직 돈만 냈었고, 사업의 운영은 경수 씨가 도맡아서 하는 형태였다. 이런 경우에는 상법상 '익명조합'이라는 개념이 적용될 수 있다. 익명조합은 투자자가 자신의 이름을 내세우지 않고 영업자에게 자금을 맡기는 형태의 계약이다. 이때 투자자가 출자한 금전은 영업자의 재산으로 편입된다. 물론 최종적으로는 정산을 해야 하겠지만,

익명조합 운영 과정에서 영업자가 그 자금을 어떻게 사용하든 횡령죄는 성립되지 않는다. 이런 점을 생소하게 생각하는 사람들이 많은데, 형사(범죄) 체계와 민사(손해배상) 체계의 차이점이라고 보면 편하다.

결국, 이 사안에서 철수 씨가 경수 씨를 상대로 고소할 수 있는 범죄는 '횡령'이 아니라 '사기'였다. 애초부터 거짓말로 투자금을 받아낸 행위 자체가 사기죄를 구성했던 것이다.

경수 씨는 투자자들에게 "고급가구를 싸게 구입해서 고객에게 비싸게 판매한다"는 사업 모델을 내세웠다. 그러나 실제로는 가구 구매 내역도, 고객 거래 내역도 제대로 존재하지 않았다. 말 그대로 존재하지 않는 사업을 미끼로 투자금을 받아낸 셈이다. 경수 씨가 보여준 사진들은 일부 매장에서 찍은 가구사진에 불과했고, 회계장부는 조작되어 있던 것이었다. 이는 명백한 기망행위에 해당한다. 사기죄에서 가장 핵심이 되는 요소가 바로 이 기망행위인데, 상대방을 속이기 위해 허위 사실을 고지하거나, 중요한 사실관계를 숨긴 채 거래를 유도하는 행위 등이 모두 포함된다.

이 사건에서 경수 씨는 투자금으로 실제 사업을 하지 않았다. 대신 다른 투자자들에게 수익금을 지급하는 데에 사용했다. 철수 씨가 초기에 몇 차례 수익을 받았던 것도 결국은 나중에 끌어들인 투자자들의 돈으로 지급된 것이었다. 이런 구조에서는 언제나 마지막에 투자한 사람들이 피해자가 된다. 철수 씨 역시 그 중 하나였다.

법원은 결국 경수 씨의 행위가 사기에 해당한다고 판단했고 그를 법정구속했다. 이후 철수 씨는 민사소송을 통해 어렵게나마 손해배상 판결을 받아냈다. 하지만 현실은 냉혹했다. 이미 경수 씨는 가진 돈을 모두 탕진한 뒤였고, 실질적으로 돈을 회수하는 것은 매우 어려워 보였다. 결국 철수 씨는 피해자금을 거의 회복하지 못한 채 경수 씨가 감옥에 가있는 모습만 구경할 수밖에 없었다.

이쯤되면 세상에 믿을 사람이 하나도 없다는 생각이 들 수도 있다. 동업만 하면 손해를 보는 것 아닌가 하는 자조적 생각이 들 수도 있을 것이다. 그런데 제3자의 관점에서 바라보면, 철수 씨 역시 '투자의 자기책임의 원칙'을 너무 쉽게 간과한 잘못이 있다.

철수 씨는 경수 씨의 사업장을 한 번도 방문해보지도 않았고, 거래처를 확인해보지도 않았다. 실제 주문이 들어와서 배송을 하는 전 과정을 겪어보지도 않았다. 동업이라고 하면서 돈이 어떻게 들어와 어떻게 나가는지 확인도 하지 않았다. 투자는 면밀한 분석에 기초하여 이루어지는 것이 대부분인데, 사실상 철수 씨는 요행을 바란 면도 없지 않아 있었을 것이다.

사업 운영에 대한 동업자들의 적극적 관심은 동업체의 운명을 좌우할 만큼 중요한 요소라고 할 것이다. 사안과 같이 익명조합이 되었건, 아니면 흔한 의미의 조합, 즉 동업이 되었건, 우리가 지금 무슨 사업을 하는지 직접 확인해보는 것은 기본이고, 실제로 사업의 흐름을 경험해보면서 이에 수반되는 현금흐름을 이해할 수 있어야 제대로 된 동업자라고 불리울 수 있을 것이다.

철수 씨는 이런 기본적인 점검 없이 친구를 믿었다. 그리고 그 대가는 매우 혹독했다. 그는 단순히 금전적 손실을 본 것에 그치지 않고,

대인기피증과 같은 심각한 질병을 얻기도 하였다. 이처럼 돈과 얽힌 문제는 언제든지 인간관계 자체를 파괴시킬 수 있다.

동업을 빙자한 사기는 생각보다 흔하다. 특히 최근 몇 년간 경제 상황이 악화되면서, 지인 간 투자 사기가 급증하고 있다. 친분을 이용해 접근하고, 감정에 호소하거나 신뢰를 강조하는 방식이 대부분이다. 그리고 초기에는 일부러 수익을 주어 신뢰를 얻은 다음, 더 큰 돈을 끌어들이고, 한 순간에 모든 것을 빼앗아간다.

이런 사기를 예방하려면 어떻게 해야 할까. 가장 먼저 필요한 것은, '의심'만 할 것이 아니라 그 의심을 직접 '행동'으로 옮기는 모습이라고 할 것이다. 아무리 친한 사이라도 돈이 오가는 관계에서는 반드시 실물이나 상황을 두 눈으로 직접 확인해야 한다. 실제 등록되어 있는 사업자인지, 업력과 실적은 증빙 가능한지, 거래처는 실재하는 곳인지 등을 사전에 점검해야 한다. 인터넷을 통하여 유사 범행사례를 확인하는 것도 한 방법이다.

동업이 시작된 뒤에도 안심해서는 안 된다. '철저한 감시와 관리'가 중요하다. 정기적으로 회계 내역을 검토하고, 사업 진행 상황을 직접 확인해야 한다. 친구사이끼리 너무 정없어 보인다는 식의 마음가짐을 가지고 있다면 애당초 동업을 하지 말아야 한다. 돈을 맡긴 후 그저 방관하는 것이야말로 세상에서 가장 위험한 행동이다.

마지막으로, 동업 중 이상 징후가 포착되면 누구보다 빠르게 즉각 선조치를 취해야 한다. 증거도 확보하고 자백을 받아내는 것도 좋지만, 가압류와 같은 재산 동결 조치를 은밀하고 신속하게 진행하는 것도 고려되어야 한다. 고단수의 사기꾼들은 범죄수익을 이미 빼돌려 놓았을 가능성도 높다.

사기의 위험은 누구에게나 도사리고 있다. 사기꾼은 처벌을 받겠지만 사기 피해자의 손해는 회복이 어려운 경우가 많다. 그러므로 돈과 관련된 사이에서는 상대방이 사실은 사기꾼일 수 있다는 생각을 완전히 배제해서는 안 된다. 철저한 검증과 간섭만이 내 돈을 지킬 수 있는 유일한 방법이라 할 것이다.

동업자의 배신이 가장 무섭다

사기, 횡령만큼이나 동업자로부터 큰 배신감을 느끼게 되는 형사사건이 바로 배임이다. 특히 배임의 경우는 범죄의 주관적 구성요소, 즉 불법영득의사를 입증하기가 매우 어려운 고도의 범죄에 해당하다보니 정작 상대방을 고소해도 무혐의나 무죄가 나오는 경우가 많다.* 그래서 피해를 당한 동업자 입장에선 세상 억울한 상황에 놓이기도 한다.

예를 들어 보자.

철수 씨는 20년 넘게 한 직장에서 성실히 일하며 안정된 삶을 살아왔다. 회사 내에서 인정받는 팀장이었고, 정년까지 무난히 근무하다 은퇴할 생각이었다. 그런 그에게 경수 씨의 등장은 인생의 전환점과도 같았다. 두 사람은 우연히 지인의 모임에서 알게 되었고, 서로의 삶에 대하여 진솔하게 이야기를 나누다 보니 어느덧 금세 가까워졌다. 경수 씨

---

* 배임죄 폐지와 관련하여 논의가 되고 있으나, 상법상 배임죄를 폐지하더라도 형법상 배임죄까지 폐지하기는 쉽지 않아 보인다.

는 유리 시공 관련 사업을 하며 자수성가한 인물로 알려져 있었고, 말솜씨도 좋아 주변에 사람이 많은 편이었다. 철수 씨는 그런 경수 씨가 의젓한 동생으로 보였고, 이상하게도 계속 경수 씨와 연락을 주고받으며 술도 마시고 골프도 치게 되었다. 어느새 철수 씨는 경수 씨를 아주 친한 동생이라고 주변에 소개하면서 그와의 친분을 과시하곤 하였다.

그러던 중 경수 씨는 자신이 해오던 유리 시공 사업 외에도 요즘 새롭게 눈여겨보는 분야가 있다며 철수 씨에게 흥미로운 사업 아이템을 소개하였다. 바로 소방장비 시장이었다. 최근 공공기관을 비롯한 다양한 기업체와 상가들이 안전사고 예방을 위하여 소방장비를 주기적으로 교체하고 수리하는 데 관심을 두고 있었고, 이 시장이 생각보다 빠르게 성장하고 있다는 것이 그의 말이었다. 경수 씨는 사업 아이템을 설명하면서 철수 씨에게도 함께 해보지 않겠냐는 제안을 하였다.

맨 처음에 철수 씨는 경수 씨의 뜬금없는 소리에 주저했지만, 확신에 찬 경수 씨의 모습에 마음이 흔들리기 시작했다. 그도 그럴 것이, 사람 좋은 경수 씨가 사기를 칠 것 같지는 않고, 어찌됐든 한 분야에서 자수성가한 사업가가 새로운 사업을 시작한다는데 거기에 편승할 수 있다는 것은 대단한 기회가 아닐까 하고 생각도 하게 되었다.

경수 씨는 사업계획서도 만들어 보여주면서 계속 철수 씨를 설득했다. 심지어 경수 씨는 이미 법인을 하나 설립해두었고, 초기 장비도 일부 구매해둔 상태였다. 벌써부터 계약을 하고 싶다는 업체들이 줄을 서고 있었다. 철수 씨는 오랜만에 뭔가 가슴이 뛰는 느낌을 받았다. 오랜 직장생활로 인해 반복적이고 익숙한 일상에 지쳐있던 철수 씨에게 경수 씨의 제안은 새로운 인생을 열 수 있는 기회처럼 느껴졌다.

철수 씨는 고민 끝에 결국 다니던 회사에 사표를 제출했다. 아내는 극구 말렸지만, 철수 씨는 인생은 모르는 것이라며 끝까지 밀어붙였다. 결국 철수 씨는 오랜 기간 다니던 직장을 그만두고, 경수 씨가 새로 설립한 회사로 출근하기 시작하였다. 경수 씨가 대표이사를 맡았고, 철수 씨는 무려 부사장 직책을 맡았다.

그렇게 두 사람은 동업을 시작했다. 철수 씨는 초기 자본금으로 1억 원을 입금하였고 법인의 지분 50%도 확보하였다. 경수 씨는 철수 씨에게 입버릇처럼 '형님이 넣은 돈, 절대 손해 안 보게 할게요'라며 거듭 강조하였다. 주변 사람들도 경수 씨를 믿을 만한 인물이라며 축하해줬다.

이 돈은 장비 구매와 차량 리스, 사무실 임대 등에 쓰인다고 경수 씨가 설명했다. 하지만 막상 회사에 출근해보니 상황은 이상했다. 철수 씨에게는 아무런 업무도 주어지지 않았고, 회의도 없었다. 회사에는 직원이라고 부를 수 있는 사람도 없었고, 그저 철수 씨 혼자 텅 빈 사무실에 앉아 천장만 바라만 보고 있어야 했다. 경수 씨는 영업과 현장을 관리해야 한다며 사무실에 들어오는 일이 없었다. 철수 씨가 경수 씨에게 대체 일이 어떻게 되어가고 있냐고 물어보면 경수 씨는 '초반부터 너무 일이 많아 회사 내실을 키울 여력이 당장은 없는데 곧 직원들도 뽑고 하면 회사가 커질 것이니 형님이 회사를 잘 운영해주시면 된다'는 말만 반복했다.

그렇게 몇 개월 동안 철수 씨는 실제로 어떤 일이 벌어지고 있는지도 모른 채 텅 빈 사무실을 지키고만 있어야 했다. 물론 월급은 꼬박꼬박 들어왔고, 금액도 예전 직장보다 많았다. 철수 씨는 휴대전화로 게임이나 유튜브를 보는 것으로 하루를 때웠다.

하지만 시간이 지날수록 이상했다. 회사가 다수의 계약을 체결했다는 이야기는 들었지만, 정작 그 업무는 회사가 직접 수행하는 것이 아니라 다른 외부 업체를 통해 수행하고 있다는 점을 알게 되었다. 처음에는 회사가 아직 역량이 부족해 일부 외주를 주는 것이라고 생각하려 했지만, 그럴 거라면 이 회사를 왜 차린 건지 근본적인 의문도 점점 밀려왔다. 결국, 철수 씨는 자신이 투자한 회사가 단순한 '브로커' 역할만 하고 있는 게 아닌가 하는 의심을 가지게 되었다.

철수 씨는 회사의 법인 등기부등본과 회계자료를 확인해보려 했다. 하지만 경수 씨는 이런 요청을 불쾌하게 여기며, '서로 믿고 하는 일인데 왜 그런 걸 의심하냐'고 하면서 바쁘다는 핑계로 대화를 미루었다. 그러자 철수 씨의 의심은 확신이 되었다. 철수 씨는 몰래 회사자료를 조사하기 시작했다. 조사결과, 철수 씨가 투자한 회사는 아무런 실질적 수익이 없었고, 실제 소방장비 계약은 제3의 회사가 전부 수행하고 있었다. 그리고 그 제3의 회사는, 경수 씨가 차명으로 세운 별도의 개인 법인이었다.

더욱 충격적인 사실은 계약대금의 90% 이상이 그 제3의 회사로 흘러갔다는 것이었다. 즉, 철수 씨가 경수 씨와 공동 투자한 법인은 계약을 따내는 간판에 불과했고, 실제 수익은 경수 씨 개인 회사로 대부분 흘러가고 있었던 것이다. 결국 철수 씨가 받던 월급은 철수 씨가 투자한 투자금을 그대로 돌려받고 있던 것에 불과했다.

철수 씨는 분노했고, 경수 씨를 형사 고소하기에 이르렀다.

형사 고소장에는 여러 가지 죄목이 담겼다. 하지만 범죄의 구성요건을 입증하는 일은 결코 쉬운 일이 아니었다. 특히나 배임죄의 경우, '타인의 사무를 처리하는 자'가 '자기 또는 제3자의 이익을 도모하거나, 본인에게 손해를 가할 의도'가 있을 경우에만 성립되는데, 이를 입증하는 일은 매우 까다로웠다.

경수 씨는 자신이 대표이사로서 법인 간 거래를 추진했을 뿐이고, 철수 씨와의 수익 분배는 나중에 하려고 했을 따름이라고 항변했다. 주주 간 계약서에도 그가 사업의 전권을 갖는다는 내용이 포함되어 있었고, 철수 씨는 실질적으로 경영에 개입한 바 없다는 점에서 더욱 불리한 위치에 놓이게 되었다.

철수 씨는 경수 씨의 고의성과 사익추구 목적을 입증하기 위해 경수 씨와의 문자, 이메일, 금융 거래 내역, 주변 지인들의 진술 등을 모아 증거를 수집하기 시작했다. 하지만 그 과정은 매우 고단했고, 또 심리적으로도 큰 부담이었다. 자신이 인생을 바쳐가며 믿고 의지했던 사람과의 관계가 적대적으로 바뀌었다는 현실, 그리고 그 과정에서 자신이 무기력했던 모습에 대한 후회가 끊이지 않았다. 결국 사건은 시간만 끌더니 흐지부지 되었고, 철수 씨는 돈과 사람을 모두 잃게 되었다.

이 사건은 동업이란 구조가 얼마나 불안정할 수 있는지를 여실히 보여주는 사례라고 할 수 있다. 대부분의 사람들은 동업을 '같이 사업하는 일' 정도로 가볍게 생각하지만, 실제로는 경영, 회계, 인사, 영업 등이 복잡하게 얽혀 있는 구조다. 그리고 이러한 구조가 투명하지 않으면, 동업자 중 누군가의 사익 추구는 언제든지 가능해진다. 단순히 동업체의 공금을 빼돌리는게 아니라, 동업체의 먹거리 자체를 빼돌리는 것도 얼마든지 가능하다는 것이다.

또한, 동업이 법인의 형태라면 더욱 시스템이 고도화되어 있어야 한다. 그렇지 않으면 법인이라는 별개의 인격체 뒤에 숨어 동업자 개인이 모든 문제로부터 사실상 면책이 돼버리는 상황이 발생할 수도 있다.

이를 예방하기 위하여, 대표이사의 권한을 정관이나 계약서로 제한하고, 일정 금액 이상의 계약이나 자산 처분은 공동결제를 거치도록 하는 방식은 법인 형태의 동업관계에서 매우 유용한 통제 장치가 될 수 있다. 또한 공동으로 접근 가능한 법인 계좌 운영, 분기별 재무제표 공유 등도 실질적인 감시 수단이 될 수 있다. 주주 간 계약 등을 통하여 계약 위반에 따른 위약벌, 주식매수청구권, 손해배상 등을 약정한다면 위 사례에서 철수 씨는 경수 씨를 상대로 금전적인 배상도 받을 수 있었을 것이다.

또 하나 간과하지 말아야 할 점은, '소극적 동업'은 한계가 있다는 것이다. 많은 사람들이 단순히 자본을 투자하거나 이름만 올려두어도 자신은 동업자의 지위에 있는 것이라고 생각한다. 그러나 공동사업에서 성패를 좌우하는 지표는 단지 내가 낸 투자금을 얼마나 돌려받느냐가 전부가 아니라, 사업체의 경영 및 영업에 관한 정보를 내가 얼마큼 자세히 알고 있느냐가 핵심이라고 할 수 있다. 그런 의미에서 경수 씨처럼 실권을 쥔 동업자와, 철수 씨처럼 명목상의 지분만 가진 동업자 간에는 구조적으로 불평등한 관계가 형성되기 쉽다.

따라서 실질적으로 동등한 권한을 갖지 못하는 구조에서는 오히려 동업이 아닌 투자자-피투자자 관계로 상호 법률관계를 정리해버리는 것이 더 안전할 수 있다. 개인과 개인의 관계라면 담보를 제공 받는 게 중요할 것이고, 법인에 대한 투자라면 법인의 이해관계인으로서 대주주,

대표이사 등을 투자계약상 당사자에 포함시켜 추후 연대책임을 물을 수 있게 하는 것이 안전한 방법에 속한다.

철수 씨는 이 사건 이후 아내와 이혼하게 되었다. 경수 씨 곁에 있던 사람들은 철수 씨를 외면하였다. 철수 씨는 혼자가 되었고 사람들과의 관계를 꺼리게 되었다. 그가 느꼈던 자괴감, 사회적 고립감, 그리고 심리적 무력감은 오랫동안 회복되지 않았다. 잠이 들기 전이면 '나는 왜 이런 상황에서 아무것도 하지 못했을까'라며 자책을 했다.

동업이란 결국 두 사람 이상이 함께 걸어가는 길이다. 같은 방향을 보되, 서로 다른 시야를 인정할 수 있어야 하고, 그러면서도 걷는 속도와 걸음폭을 유연하게 맞출 수 있어야 한다. 무엇보다 한 사람이 지칠 때 기다려주거나, 한 사람이 뛰어갈 때 따라갈 수도 있어야 한다. 이를 유지하기 위해서라면 시스템을 사전에 설계해야 하고, 당근과 채찍을 적절히 활용하여 시스템에 동업자가 순응하도록 간접적으로나마 강제를 해두어야 한다.

이것이 진짜 동업이다. 사람을 믿되, 구조를 의심하고, 관계를 지키기 위해 시스템과 계약을 도구로 활용할 수 있어야 한다. 철수 씨의 사례가 단지 불운한 사건이 아닌, 수많은 동업자들에게 나타날 수 있는 위험요소라는 점을 말하고 싶다.

경험에서 비롯된 배움은 언제나 값지다. 철수 씨는 그 뒤로도 오랜 시간 스스로를 탓했다. 하지만 새로운 인생을 시작하며 기초가 준비되지 않았던 자신의 옛 모습을 통해, 철수 씨는 이제 완벽한 사업가로서의 면모를 갖추게 되었다. 사업자 등록, 법인 설립, 자본금 출자, 직책 설정, 계약 체결 등 하나하나가 형식적인 것처럼 느껴졌지만, 그 모든 것이 자신을 보호할 수 있는 최소한의 장치였다는 사실을 뒤늦게 깨달았다. 그는 이제 예비창업자들을 위한 강의를 다니면서, 많은 사람들에게 기초의 중요성을 설파하고 있다.

모든 동업이 문제라는게 아니다. 오히려 수많은 성공한 기업들이 동업을 바탕으로 탄생했고, 창업자 간의 유기적 협업은 언제나 가장 강력한 경쟁력이 된다. 다만 그 관계가 오래 지속되기 위해선 내가 먼저 나서서 시스템을 점검하고 동업 사업의 전문가가 되어야만 한다. 잘 모르는데 무작정 동업을 한다는 것은 그저 상대방에게 돈을 쥐어주는 것에 지나지 않는다는 것을 명심해야 한다.

때로는 형사고소가 협상의 카드가 된다

동업자끼리 분쟁이 발생하면 일단 그 누구도 말리지 못할 만큼 감정이 격해지게 된다. 앞서 본 사례들처럼 한 사람이 일방적으로 형사 범죄를 저질러 문제가 된 케이스들도 있지만, 오직 동업 상대방을 괴롭히기 위하여 고소전, 소송전을 남발하는 케이스들도 의외로 많이 있다.

이 경우 변호사는 사건 진행의 실익을 객관적으로 진단해주고, 송사가 능사는 아니라고 보통 의뢰인을 타이르곤 한다. 그럼에도 의뢰인 중에는 '지더라도 좋으니 뭐라도 하게 해달라'는 요청을 해오는 경우가 종종 있다. 특히 이런 분들은 한두 번도 아니고 수차례 간곡히 요청을 하면서 마치 뭐라도 안 하면 세상이 무너질 듯한 표정을 짓는다. 그러면 변호사로서도 정말 뭐라도 할 수 있는 게 없을까 고민을 하게 된다. 지푸라기라도 잡으려는 심정의 사람을 그저 '실익이 없다'며 마냥 내치는 것도 한계가 있다보니, 결국 변호사도 어떻게든 사건을 구성하여 진행시키게 된다.

실제로 같은 변호사가 볼 때 사실 말이 안 되는 사건이 아주 간혹 있긴 하다. 아마 이런 사건은 위와 같은 의뢰인 때문에 어쩔 수 없이 사건을 수행하는 경우가 대부분일 것이다. 이런 경우라면 상대방이 어떤 실익을 따져보고 공격을 한 것이 아니라, '내가 지금 몹시 화가 나 있다는 것', 그리고 '내가 지금 뭐든 할 것이니 조심하라는 것' 등의 시그널을 보내려고 한 행동임을 변호사들은 선해하여 의뢰인에게 전해주곤 한다.

하지만 공격을 당한 의뢰인의 입장은 또 다르다. 이거 무고죄가 아니냐며 더 흥분을 한다. 그리고는 '나도 가만히 있을 수 없다. 뭐라도 하게 해달라'는 똑같은 부탁을 한다. 결국 변호사는 감정적 싸움을 이성적 싸움으로 변형시켜야 하는 임무를 부여받게 된다. 하지만 이성적 싸움과 감정적 싸움은 엄연히 다른 차원의 것이다. 감정적으로 이길 사건도 이성적으로는 질 수도 있다. 그리고 그때의 좌절감은 몇 배가 된다.

어찌됐든 여러 사정으로 인하여 동업자 간에는 맞고소전이 진행되는 경우가 많다. 그리고 그것이 꼭 법적 실익이 없다고 할지라도, 의외의 포인트에서 문제 해결의 도움이 되는 경우도 종종 발생한다. 그렇기 때문에, 무리한 형사고소가 꼭 불필요한 분쟁에 해당한다고 감히 치부할 수는 없다. 대표적인 사례를 들어 살펴보자.

영희 씨는 화장품에 관심이 많았었다. 영희 씨의 화장품에 대한 열정은 직접 화장품을 개발하여 판매해보자는 의지로까지 이어졌다. 이에 영희 씨는 홀로 화장품 브랜드를 런칭하고, SNS 마케팅을 활용하여 브랜드를 널리 알렸으며, 다양한 패키지 상품과 성분 개발까지 직접 도맡을 만큼 열정적으로 화장품 업체를 운영하였다.

그녀가 독자적으로 론칭한 첫 스킨케어 제품은 출시와 동시에 완판되었고, 이후에도 기획하는 제품마다 입소문을 타며 온라인 커뮤니티에서 화제가 되었다. 문제는, 그녀가 제품기획에는 능했지만, 유통망을 관리하는 데에는 한계가 있었다는 점이었다. 입점하는 매장마다 계약조건도 제각각이었고, 늘어나는 재고를 관리할 방법도 딱히 떠오르지 않았다.

이런 때 정숙 씨가 나타났다. 정숙 씨는 백화점, 마트, 홈쇼핑과 같은 전통적인 유통라인뿐만 아니라 최근 부상하는 온라인 커머스에도 정통하다는 자신감을 내비쳤다. 그러면서 자신이 가지고 있는 유통채널을 활용하면 영희 씨의 제품을 훨씬 더 많은 소비자에게 판매할 수 있다고 호언장담했다. 이미 백화점 바이어, 홈쇼핑 MD들과도 관계가 구축되어 있고, 인플루언서들과의 협업도 즉시 가능하다는 말에 영희 씨는 마음이 흔들렸다. 몇 차례 미팅을 거쳐 신뢰가 쌓이자, 결국 두 사람은 공동으로 회사를 설립하기로 결정하였다. 영희 씨는 제품개발과 브랜딩을, 정숙 씨는 유통과 마케팅을 맡기로 하였다.

처음에는 기대가 컸다. 영희 씨는 정숙 씨의 풍부한 네트워크를 믿었고, 실제로 회사 초기에는 대규모 유통에 관한 미팅도 자주 진행되었다. 하지만 시간이 지나면서 분위기가 달라졌다. 정숙 씨는 점점 회사에 나오지 않기 시작했고, 유통 채널에 대한 소식도 끊겼다. 영희 씨는 혼자서 제품기획부터 제작, 물류관리, 고객응대까지 모든 업무를 떠안아야 했다. 정숙 씨는 연락조차 되지 않는 날이 많았고, 그간의 업무 상황을 물어도 '조금 바빴다', '다음 주에 이야기하자'는 답만 돌아올 뿐이었다.

결국 회사는 사실상 영희 씨 혼자 운영하는 모양새가 되었고, 정숙 씨는 서류상 이사로만 존재할 뿐이었다. 그렇게 시간이 흘러 몇 개월 뒤, 갑자기 정숙 씨가 연락을 해왔다. 밀린 급여와 상여금을 지급하라는 것이었다. 영희 씨는 황당했다. 정숙 씨는 실질적으로 회사 운영에 아무런 기여를 하지 않은 상태였다. 그러나 정숙 씨는 자신이 명목상 등기이사이고, 사실상 회사에 고용된 상태였으니 임금을 받을 권리가 있다고 주장하였다. 그러더니 정숙 씨는 급기야 영희 씨를 임금체불로 노동청에 신고까지 하였다.

노동법상 임금체불이 성립하려면, 일단 정숙 씨에게 근로자성이 인정되어야 하는데, 보통 등기이사는 근로자성이 부정되는 경우가 많다. 때문에 정숙 씨는 근로자성을 인정받기 위해 억지를 많이 부렸다. 마치 영희 씨가 정숙 씨를 직원으로 고용한 다음 직책만 등기이사로 둔 것처럼 말이다. 하지만 주장만 그럴싸할 뿐, 증거는 없었다.

영희 씨는 당혹스러웠지만 그렇다고 가만히 있을 수도 없었다. 우선 노동청 조사를 받아야만 했고, 나름의 항변도 해야만 했다. 두 사람이 동업관계였고, 담당 분야가 엄밀히 나뉘어져 있었으며, 근로계약도 없었음을 강변했다. 그런데 영희 씨의 발목을 잡는 일이 발생했다. 뒤늦게 정숙 씨가 '연봉계약서'를 노동청에 제출한 것이었다.

영희 씨는 깜빡 잊고 있었다. 동업 초기에 정숙 씨가 자신의 몫을 확실하게 남기고 싶다면서 작성을 요구했던 서류가 바로 연봉계약서였다. 영희 씨는 이 서류를 작성한 사실을 뒤늦게 인정했다. 물론 그렇다고 근로자성이 바로 인정되는 것은 아니었고, 임금체불 사건은 두 사람이 동업관계라는 점을 잘 소명하여 마무리가 될 것으로 보였다. 하지만 정작 문제는, 위 계약서를 근거로 정숙 씨가 추후에 얼마든지 민사소송을 제기해올 수 있다는 것이었다. 영희 씨는 머리가 복잡해졌고, 정숙 씨를 어떻게든 자신의 인생에서 지워버리고 싶어졌다.

결국 영희 씨는 변호사를 찾아가 도움을 요청했다. 정숙 씨는 회사 지분의 절반을 가진 주주였고, 연봉계약에 따라 급여를 요구할 수 있는 권리가 있는 사람이었다. 이 사람을 어떻게 영희 씨의 인생에서 지워버릴 수 있을까? 일단 출발은 정숙 씨의 그간 행적을 살피는 것이었다. 영희 씨는 그동안 정숙 씨가 사용한 법인카드 내역, 업무 관련 회의록, 이메일 기록 등을 확인하였다. 그리고 놀라운 사실을 알게 되었다. 정숙 씨는 회사 업무와 무관한 미용실, 백화점 쇼핑, 개인식사, 뿐만 아니라 꽃집 등 다양한 항목에 대해 법인카드를 사용하고 있었던 것이다. 회사 명의의 카드를 사적으로 사용한 사실은 곧 배임 등 혐의로 연결될 수 있었다.

영희 씨는 즉시 정숙 씨를 형사 고소하였다. 법인카드 유용금액이 상당하였기 때문에 수사기관도 관심을 보였다. 그렇게 점차 상황은 역전되었다. 임금체불 혐의는 무혐의 처분이 내려졌고, 정숙 씨는 오히려 배임 혐의로 경찰의 조사를 받게 되었다. 물론 정숙 씨도 나름의 이유가 있었는데, 자신이 주어진 일을 '안 한 것'이 아니라 '못 한 것'이었고, 가뜩이나 자신도 일이 잘 안 풀려 답답한 상황에서, 영희 씨가 연봉계약까지 써주고서는 월급을 하나도 지급하지 않으니, 당장 먹고 살기 위하여 월급을 받는 개념으로 법인카드를 사용했다는 것이었다.

하지만 월급 미지급과 법인카드 사적 사용은 궤를 달리하는 각각의 사건이었다. 법인카드 사적 사용은 범죄가 될 것임이 명약관화 했고, 정숙 씨가 월급을 받으려면 별도로 소송을 영희 씨에게 해야 하는 상황이었다. 결국 정숙 씨는 변호사를 통해 조율을 시도해 왔다. 정숙 씨는 영희 씨에게 법인카드 사용분 상당액을 변제하고, 회사 지분도 전부 영희 씨에게 넘기기로 합의하였다. 나아가 '향후 회사 및 영희 씨와 관련된 어떠한 민형사상 이의를 제기하지 않는다'는 취지의 합의서까지 작성하게 되었다. 대신 영희 씨는 정숙 씨에 대한 고소를 취하하고 처벌불원서를 재출해주었다.

그런데 생각해보자. 위 사례에서 영희 씨가 얻은 것은 과연 무엇이었을까? 사실 영희 씨에게 남은 것은 다시 제자리로 돌아와 홀로 화장품 사업을 하게 되었다는 것뿐이었다.

즉, 수많은 사건을 거쳤음에도 두 사람에게 외형상 변화는 없었다. 하지만 그 기간 동안 서로가 입은 상처는 상당했다. 영희 씨는 동업자의 적반하장식 태도에 질려 누구와도 동업을 못하겠다는 생각을 가지게 되었다. 정숙 씨는 자신의 노력도 몰라봐주고 약속한 월급도 안주는 영희 씨에게 오히려 된통 당했다는 생각만 가진 채 울분을 삭혀야 했다.

동업자 간 고소전은 감정이 극단으로 치닫는 경우가 많다. 한때 동지였던 관계가, 법정에서 원고와 피고로, 수사기관에서 고소인과 피고소인으로 대면하기에 이른다. 이 과정에서 서로의 숨겨진 민낯이 드러나고, 오랜 신뢰가 일순간에 무너지곤 한다. 특히 이번 사례처럼, 서로가 자신만의 나름의 이유를 들면서 분쟁을 끝까지 물고 늘어지려는 상황이라면, 양측의 공방은 끝없는 평행선을 달릴 수밖에 없다.

가장 가까운 사이에서 발생하는 법적 분쟁은 다른 사례에 비하여 몇 곱절은 더 무겁다. 단순한 돈 문제만이 아니라, 배신감이라는 특별한 감정이 덧붙여진 인간 관계의 해체가 함께 따르기 때문이다. 이번 사안은 동업체의 구조적 문제보다 상호 생각하는 방식이 달랐을 때 어느 정도까지 파국으로 치달을 수 있는지를 보여주는 좋은 사례라고 할 수 있다.

지금도 영희 씨는 회사를 사실상 혼자서 이끌고 있다. 제품개발, 품질관리, 광고 캠페인, 배송 시스템 개선까지 모든 영역에서 그녀의 손길이 닿지 않은 부분이 없었다. 분쟁을 거치면서 주위 사람들도 걱정을 많이 했다. '혼자서 어떻게 다 하냐', '사람 하나 쓰라'는 조언이 끊이지 않았지만, 그녀는 '지금은 믿을 사람이 없다'며 모든 것을 홀로 감당하고 있는 중이다.

정숙 씨는 이번 일을 계기로 오히려 더 승승장구를 하고 있다. 다른 화장품 회사와 동업을 해서 자신의 유통채널에 접목시키는 방법으로 큰 성공을 거두었다. 영희 씨는 그 모습을 보고는 허탈함을 감출 수가 없었다. 하지만 정숙 씨도 마음이 마냥 편하지만은 않았다. 영희 씨와 동업을 할 때는 이상하게 만큼 꼬이던 일들이 다른 사람을 만나고 나서는 날개를 단 듯이 잘되는 것을 보고 약간의 외포심마저 느끼게 되었다. 어찌보면, 두 사람은 운명이 아니었을 수도 있다.

만약에 영희 씨와 정숙 씨의 분쟁이 원만하게 합의로 종결되지 않았다면 어떻게 되었을까? 아마도 참혹한 결과가 발생했을 것이다. 정숙 씨는 형사처벌을 받았을 것이고, 영희 씨는 민사소송에 휘말리게 되었을 것이다. 정숙 씨는 등기이사에서 언젠가 내려올 수 있겠지만, 여전히 50% 주주로서 회사 경영에 간섭을 얼마든지 할 수 있었을 것이다. 그렇게 되면 영희 씨로서는 정숙 씨를 자신의 인생에서 완전히 지우고 싶다는 목표를 이룰 수 없게 되었을 것이다.

브랜드 평판도 문제가 될 수 있었다. 어쨌든 정숙 씨는 명백한 공동창업자였고, 그런데 두 사람이 소송전을 벌이고 있으니, 업계에는 이런 소문이 돌았을 것이다. 영희 씨 화장품 브랜드에 정숙 씨가 참여하였는데 정숙 씨가 법인카드 횡령을 하였고 그 이유는 영희 씨가 악의적으로 정숙 씨에게 월급을 안 주었기 때문이라고. 이런 소문이 돌기 시작하면 소문에 등장하는 모든 사람이 결국 피해자가 된다. 이러한 측면들을 보면, 두 사람이 서로 고소를 하고, 고소전 끝에 상호 간 원만한 합의로 분쟁을 해결한 것은 어찌 보면 불행 중 다행이라고 볼 수 있다.

모든 분쟁에는 감정이 개입될 수밖에 없다. 누가 잘못을 했느니, 누가 약속을 어겼느니 하면서 소송까지 하게 되었다는 것은, 일단 상대와 '말로는 통하지 않는 지경'에 이르렀기 때문일 가능성이 높다. 그리고 그러한 상황에 놓여있다면 상대방에 대한 분노는 정점을 찍었을 것이며, 한 맺힌 억울함 때문에 밥도 제대로 넘기지 못하는 상황일 가능성이 높다.

아무리 시스템이 잘 갖춰져 있어도 한쪽이 막무가내로 분쟁을 일으키는 것을 원천적으로 막을 수는 없다. 그 배신의 대가는 결국 치뤄지겠지만, 그 과정에서의 감정적 손실과 상처는 동업자 모두의 몫이 된다. 그렇기 때문에 동업은 '시스템'이란 것도 물론 중요하지만, 결국 돌고 돌아 동업자의 사람됨됨이를 결코 무시할 수 없다는 결론에 이르게 된다.

7

동업의 종료

동업을 하려면 이 목차부터 읽어보라

동업을 더 이상 하지 않겠다는 말은 크게 두 가지로 나눌 수 있다. 누군가 동업관계에서 나가는 경우, 아니면 아예 다 같이 동업체를 정리하기로 하는 경우, 이렇게 말이다.

이러한 경우, 우리는 일반적으로 동업계약을 해제 또는 해지한다고 표현하기도 하는데, 법적으로 엄밀히 말하면 이는 맞을 수도 있고 또 틀릴 수도 있는 표현에 해당한다.

동업의 의미를 다시 한 번 떠올려 보자. 우리가 흔히 말하는 동업은 상호 출자하여 공동경영을 하는 형태의 '협의의 동업', 즉 민법상 조합에 해당한다는 점을 이미 익힌 바 있다. 그런데 이 민법상 조합계약은 해제 또는 해지라는 개념이 적용되지 않는다. 해제 또는 해지는 계약의 효력을 소멸시키는 행위를 말하는데, 조합은 효력이 소멸되는 것이 아니라 오히려 조합원 간 정산의 문제가 해결될 때까지 효력이 존속이 되어야 하기 때문에, '해제, 해지' 등의 단어와 어울리지 않는다는 것이 우리 법원의 태도이다.

법도 마찬가지로 규정되어 있다. 민법은 탈퇴 조합원의 '지분반환청구권'과 조합의 해산으로 인한 조합원들의 '잔여재산분배청구권'을 별도로 나누어 규정하고 있다. 동업관계가 종료되는 경우의 수를 탈퇴, 해산 두 가지로 나누고 있는 것이다. 다시 말해 누군가 동업관계에서 나간다면 남은 동업재산 중 그 사람의 지분만큼은 돌려주어야 하고, 어떤 동업관계가 완전히 청산된다면 남은 동업재산은 각 조합원 지분만큼 나눠주어야 한다는 것이다.

또 한편으로 생각해보면, 조합은 시장 참여자로서 하나의 사업자 단위를 구성한다. 따라서 조합과 거래를 한 제3자의 신뢰도 보호되어야 함이 마땅하다. 그런데 조합 내부의 사정만으로 조합체의 존속 여부를 결정해버리면, 다시 말해 조합원끼리 '우리 조합계약 없던 것으로 하자'고 해서 하루아침에 조합이 없어져버리면, 제3자는 불의의 타격을 입을 수 있다. 그래서 조합은 조합계약 당사자끼리 합의해서 갑자기 없앨 수 있는 것이 아니라, 제3자에 대한 채무 변제와 같은 별도의 '청산 절차'를 마쳐야 비로소 소멸될 수 있다고 봄이 옳다.

특히, 조합계약은 '해제'라는 법률행위와 어울릴 수 없다. 계약의 해제가 가지는 대표적인 법률상 효력이 바로 '원상회복의무'의 발생이다. 그런데, 만일 조합계약이 해제될 수 있다고 가정한다면, 조합원들은 조합이 만들어지기 전의 상태로 법률관계를 되돌려 놓아야 한다는 불합리한 의무를 지니게 된다. 쉽게 말해 A와 B가 각각 100만 원을 조합에 출자하였고, 그렇게 모인 200만 원 중 50만 원을 업무집행 비용으로 써버렸다면, 조합관계가 종료되었을 때 A와 B는 남은 150만 원의 절반인

75만 원씩을 각각 가져가는 게 정상임에도, 해제라는 효과가 개입되면 A, B 모두 원래 내놓았던 100만 원씩을 가져가야 한다는 논리적 모순에 봉착하게 된다.

이러한 사정들 때문에, 보통 조합계약에 대하여 법조계는 '해제 또는 해지'라는 표현을 쉽게 붙이지 않는다.

그럼에도 '동업해지계약서', '동업해제합의서'를 실무에서는 많이 다루고 있다. 그 이유는 행정절차 때문이다. 가령, 공동대표로 등록된 개인사업자를 단독대표로 전환할 경우, 관할 세무서에 동업계약이 종료되었다는 근거서류를 제출하여야 하는데, 바로 이때 '동업해지계약서' 등이 요구된다.

어쨌든 이러한 복잡한 논의가 발생하는 이유는, 우리나라가 '동업'이라는 비법률적 용어를 사회적으로 널리 사용하고 있기 때문에 발생하는 일종의 해프닝이라 볼 수 있겠다. 그러나 우리 독자 분들만큼은 정확한 표현을 익혔으면 하는 바람이 있다. 그래서 이하에서는 동업관계가 끝나는 모든 경우를 일단 '동업의 종료'라고 포괄하여 명칭하도록 하겠다.

그럼 다시 한 번 살펴보자. 동업의 종료에는 크게 두 가지가 있다. 누군가 동업에서 탈퇴하는 경우, 또는 동업체를 해산 및 청산하기로 하는 경우가 그것이다. 이렇게 동업이 종료되고 나면 남은 절차는 하나다. 바로 정산이다.

그리고 동업의 정산은 생각보다 심플하다. 동업체의 경제적 가치를 매겨서, 동업자의 지분 비율만큼 이를 배분하면 그만이다. 가령 탈퇴의 경우, 동업재산이 500이고 탈퇴자의 지분이 20%라면 탈퇴자에게 100을 주면 된다. 청산의 경우도 마찬가지다. 동업재산이 500이고 A, B, C 지분이 각각 20%, 30%, 50% 라면, 100, 150, 250씩 나누어 가지면 된다.

그런데 이 '동업체의 경제적 가치'라는 것이 늘 말썽을 부린다. 단순하게 순자산만을 의미하는 게 아니기 때문이다. 우리 법원은 동업체의 경제적 가치란 '유무형적 자산과 영업권 등을 모두 포함하는 포괄적 개념'이라고 설시하고 있다.*

이렇게 기준이 다양하다보니 사람마다 그 경제적 가치를 달리 보는 경우가 빈번하게 발생한다. 가령, 동업에서 탈퇴하려는 사람이라면 동업체의 경제적 가치를 최대한 크게 보려고 할 것이다. 반대로 탈퇴 지분을 내어줘야 하는 동업자라면 동업체의 경제적 가치를 최대한 낮게 보려고 할 것이다. 그러다보니 상호 간 합의로써 정산이 끝나는 경우는 흔치 않다. 결국은 감정평가를 거치거나 법정으로 가곤 한다.

한편, 2인 동업체의 경우에도 어느 한 사람의 탈퇴가 가능하다. 사실 우리나라 대부분의 동업체가 2인으로 운영되고 있는데, 동업자 간 분쟁이 발생할 경우 한 명은 떠나고 한 명은 남는 경우가 대체적이다. 물론, 개념적으로는 2인 체계에서 1인이 빠지게 되면 동업이라는 말이 성립할 수가 없겠지만, 우리 법원은 이러한 경우 '1인 조합'으로서 동업체가 존속한다고 표현한다. 즉, 2인 동업체에서 어느 한 동업자가 떠났어도, 동업체라는 하나의 사업 단위는 여전히 잔존 동업자의 개인 소유로서 존속될 수 있다는 것이다.

* 물론 청산의 경우라면, 영업권은 경제적 가치에 포함되기 어려울 것이다.

그러다보니 탈퇴한 동업자는 정산으로 막대한 돈을 요구하고, 남아있는 동업자는 각종 이유를 들어가며 이를 거부한다. 사실 수많은 동업분쟁의 근원은 '탈퇴로 인한 정산' 때문이라고 볼 수 있다. 이미 동업자 간 신뢰관계가 산산조각 나버린 상황에서 동업재산의 분배를 둘러싸고 또 한 차례의 격론이 발생하는 것이다. 필자의 경험에 의하면, 동업분쟁의 약 80% 정도가 '탈퇴로 인한 정산' 때문에 발생하는 것으로 파악된다.

그럼, 탈퇴라는 것은 어떤 경우에 가능할까? 의외로, 동업에서 탈퇴는 아무때나 할 수 있음이 원칙이다. 몇몇 의뢰인에게는 이 사실이 매우 충격적으로 다가오기도 한다. 하지만 법이 탈퇴를 언제든지 할 수 있다고 원칙을 세우고 있으니 딱히 할 말이 없다. 이걸 알고 있었다면 동업을 애당초 시작하지도 않았을 것이라는 의뢰인도 여럿 보았다.

물론, '합리적 사유 없이 동업체의 불리한 시기에 탈퇴하지 못한다'는 예외조항이 존재하기는 한다. 하지만 수많은 판례들이 '신뢰관계의 파탄'을 탈퇴의 합리적 사유라고 보고 있다. 다시 말해, 이미 신뢰가 파탄난 동업관계에서 동업자를 강제로 못나가게 하는 것 자체가 더 부당하다는 입장인 것이다. 아주 극히 예외적으로, 동업자의 탈퇴가 남은 동업자에게 큰 손해를 입히고 반대로 탈퇴 동업자가 큰 이득을 얻는 등의 극단적 상태가 인정된다면, 그때야 비로소 동업자의 탈퇴를 막을 수 있다고 할 것인데, 이러한 예외적 사정이 인정된 경우는 찾아보기가 어렵다.

그래서 동업은 사실상 언제든지 갈라설 수 있는 관계에 해당한다고 볼 수 있다. 동업을 결혼과 비유하는 경우가 종종 있는데, 엄격한 사유를 충족해야 하는 이혼과 달리, 동업은 동업자 한 사람의 말 한마디로 언제든지 관계를 허무하게 끝낼 수 있다는 점에서 양자는 큰 차이가 존재한다.

그러다 보니, 종종 의뢰인에게 재미있는 요구를 받는 경우가 있다. 동업체에서 나오고 싶은데, 남아있는 동업체를 폭파시킬 방법은 없냐고 말이다. 그런데 놀랍게도 내 대답은 '가능하다'인 경우가 많다. 우리 법은 '부득이한 사유가 있을 때' 동업자 단 한 명의 발의로도 동업체의 해산을 구할 수 있도록 규정하고 있는데, 법원은 신뢰관계의 파탄만으로도 동업 해산의 부득이한 사유가 인정된다고 보고 있다. 결국, 탈퇴와 마찬가지로 동업의 해산 또한 언제든지 가능한 셈이다. 이 역시 많은 의뢰인들에게 신선한 충격으로 다가온다. 심지어 신뢰관계 파탄의 유책이 있는 동업자조차도 이와 같은 해산 청구를 할 수 있다고 법원은 보고 있다.

그렇다면 이번에는 동업체를 폭파시키는 방법, 즉 해산을 구하는 방법에 관하여 조금 더 알아보자. 법에는 분명 '해산을 청구할 수 있다'고 되어 있는데, 정작 법원에 동업해산을 청구하는 소송을 걸면 '소 각하'라는 엉뚱한 판결을 받을 수도 있다. 이 해산 청구권이 반드시 법원을 통해서만 하라는 법이 없다는 기존 대법원의 논리 때문이다. 그래서 변호사들은 동업이 해산되었음을 '확인' 받는 형태로 법원에 해산을 구하곤 한다.

필자는 이 대목에서 개인 나름의 고충거리를 털어놓고자 한다.

앞서 동업의 종료를 크게 '탈퇴'와 '해산'의 경우로 나누었는데, '해산'의 경우는 동업체 자체가 아예 사라지는 것에 해당하기 때문에 이를 동업자 중 한 사람이 일방적으로 진행시킬 수 있다는 점은 현실세계에 시사하는 바가 매우 크다.

가령, 동업체가 잘 되고 있기는 한데, 내분이 생겨 동업자끼리 서로 갈라서려는 경우가 있다고 생각해보자. 우선, 잘되고 있는 동업체를, 다시 말해 소위 '황금알을 낳는 거위'를 없애려는 것은 사회경제적으로 타당하지 않다. 그래서 대부분은, 동업자 중 누군가 탈퇴를 하고 나머지 동업자가 동업체를 유지하는 식으로 동업관계를 종료시키려고 한다. 하지만, 유독 한 동업자가 동업체를 없애기로 마음먹는다면, 이를 받아들여 줘야만 하는 것일까?

심지어 법원도 이에 대하여 아직 확실한 답을 내리지 못하고 있다. 특히 2인 동업체에 있어서 1인이 탈퇴할 경우 법원은 일관되게 1인 조합으로서 존속을 한다고 결론을 짓고 있지만, 반대로 1인이 해산을 청구할 경우에도 신뢰관계 파탄을 이유로 조합이 해산될 수 있다는 결론을 함께 내놓고 있다. 탈퇴든 해산이든 대부분의 사유가 신뢰관계의 파탄 때문인데, 어느 한 동업자의 선택에 따라 동업체가 존속할지 해산의 길로 접어들지 결정되는 것은, 법적 안정성 측면에서 볼 때 바람직하지 않아 보인다. 이러한 문제는 국회 또는 대법원에서 정리될 필요성이 있다고 생각한다.

동업체는 앞으로도 많아질 것이고, 따라서 동업의 종료도 계속해서 반복될 것이다. 그런데 개인의 선택에 따라 동업체의 존속여부가 결정된다면, 우리 사회에서 동업체가 가지는 신뢰성은 상당히 희석될 가능성이 높고, 이는 곧 동업, 창업을 주저하는 결과까지 이어질 수 있다.

아무튼 다시 돌아와서, 동업자가 탈퇴 또는 해산 중 선택을 할 수 있다고 할 때, 감정적으로 매우 격노한 상태에 있는 일부 동업자는 동업을 해산시키려고 시도하기도 한다. 자신이 일궈낸 동업체를 남은 동업자가 계속 운영하는 게 정말 꼴 뵈기 싫고, 그래서 폭파시키고 싶은 것이다.

하지만 경우에 따라 동업의 해산보다는 탈퇴가 더 이성적 판단이 될 수도 있다. 동업의 탈퇴와 해산의 가장 결정적인 차이는 동업체의 경제적 가치를 측정하는 시기와 방법이 다르다는 점에 있다. 탈퇴를 하게 되면 탈퇴 당시를 기준으로 경제적 가치를 측정한다. 반면, 해산을 하게 되면 청산이라는 절차를 밟아야 하고, 이후 청산절차 종료 시를 기준으로 경제적 가치를 측정하게 된다.

가령, 어느 동업자가 오늘 동업에서 탈퇴를 한다고 한다면, 소송을 1년 뒤에 하든 1주일 뒤에 하든 정산의 대상이 되는 동업재산의 평가는 바로 탈퇴일인 오늘을 기준으로 하게 된다. 반면, 동업을 해산하고자 한다면, 소송을 당장 오늘 하든 나중에 하든 일단 해산이 인정되어야 하고, 나아가 해산이 인정되더라도 청산 절차가 끝나야 비로소 동업재산이 평가될 수 있다. 이러한 차이가 실제로 어떻게 작용하는지는 사례를 통하여 후술하도록 하겠다.

한편, 아무리 탈퇴가 자유롭게 허용된다고 하더라도, 이를 악용하는 것까지 허용되는 것은 아니다. 동업체가 잘 나가고 있을 때 탈퇴하겠다는 것을 말릴 사람이 누가 있으랴. 하지만 동업체가 폐업을 곧 앞두고 있는데 탈퇴를 선언해버리면 참 난감한 상황이 발생한다. 특히 2인 동업체에서 동업이 쫄딱 망했는데, 본인만 쏙 탈퇴를 해버리고 잔여재산을 측정하자고 하는 것은 법을 악용하는 것으로 비춰질 수 있다. 이런 경우 법원은 '1인 조합으로의 존속'이라는 개념 자체가 성립하지 않는다는 이유로 탈퇴 주장을 기각하기도 한다. 쉽게 말해, 이미 그 조합은 망했기 때문에 탈퇴는 안 되고, 오직 해산 및 청산만이 가능하다고 판단하는 것이다.

지금까지 서술한 이 목차의 내용은 다소 어렵게 느껴질 수 있다. 하지만 이 내용들은 동업을 준비하는 사람들이 꼭 알아야 하는 핵심적인 지식에 해당한다. 마지막으로 정리를 해보자면, 일단 동업이 종료되면 동업체의 남은 재산을 산정하는 것이 가장 중요한 목표가 된다. 이때 영업권의 가치와 같은 무형적, 추상적 가치도 포함하여 평가되어야 한다는 것이 법원의 태도인데, 법이 딱히 정한 측정기준이 없어서 서로 합의를 하거나 제3자의 객관적 평가를 받아야 할 수 있다. 중요한 것은 재산평가 시점인데, 탈퇴의 경우 탈퇴당시를 기준으로, 해산의 경우 청산종료 시를 기준으로 재산을 평가한다. 그렇게 해서 동업체의 경제적 가치가 산정되면, 자신의 지분비율에 맞게 정산을 받아갈 수 있다. 현금정산도 가능하다.

이와 같은 동업의 종료는 원칙적으로 동업자 누구나 언제든지 할 수 있다. 다만, 동업 탈퇴의 경우 나머지 동업자가 동업체를 계속 운영하는 경우여야 한다. 동업 해산의 경우 청산이라는 절차를 거쳐야 비로소 동업이 소멸한다. 아울러, 동업이 이미 망했는데 혼자만 탈퇴하는 것은 현실적으로 받아들여지지 않을 가능성이 높다.

이상의 개념들을 실제 현실에 대입해보면 더욱 실감이 날 것이다. 이하에서는 동업을 마무리 할 때 어떠한 쟁점이 발생하고 이를 어떻게 해결하게 되는지 살펴보도록 하겠다.

대화로 안 되면 법대로?

동업을 끝내는 이유야 다양하지만, 동업을 끝내는 방식은 앞서 본 바와 같이 탈퇴 또는 해산으로 귀결된다. 그리고 동업을 탈퇴하든 해산을 하든 마지막에는 동업재산을 어떻게 분배하느냐의 문제만이 남게 된다.

동업을 탈퇴하는 입장이라면 일단 동업체가 계속 굴러가고 있는 것을 전제로 하기 때문에 동업체의 경제적 가치가 매우 크다고 스스로 평가할 가능성이 높다. 앞으로 5년, 10년 자신이 더 동업체에서 버티고 있다면 받았을 수익이 얼마인데, 이런 것까지 모두 고려하면 최소 몇 천, 몇 억씩은 받아야 한다는 입장을 피력하기도 한다.

그런데 동업을 유지하는 입장에서는 당장 그만한 현금을 가지고 있지 않을 가능성이 높다. 그리고 당장 앞으로 사업이 어떻게 될지도 모르는 상황에서 미래의 수익을 예단하여 미리 이를 달라고 하는 것은 부당하다고 생각이 든다. 그러다 보니 남아있는 동업자는 동업을 할 때 들어간 사무실 임차보증금이랑 권리금 정도 선에서 동업재산을 정한 뒤 상대방 몫을 챙겨주겠다고 제안하는 경우가 대부분이다. 물론, 상대방은

콧방귀도 뀌지 않는다. 그렇게 또다시 동업자 간의 분쟁이 시작된다.

철수 씨와 영희 씨의 사례를 들어보자.

철수와 영희 씨는 연인관계였다. 두 사람이 교제를 시작한 지도 벌써 몇 해를 넘기던 어느 날, 철수 씨가 기가막힌 제안을 해왔다. 당시 열풍이던 블록체인 기술을 활용하여 NFT 판매 사업을 하자는 것이었다. 철수 씨는 사실 블록체인과는 거리가 먼 일반 회사원이었다. 영희 씨도 딱히 직업이 없었고 아르바이트를 하면서 목돈만 조금 모아놓았던 상황이었다.

철수 씨의 계획은 간단했다. 기초 자금을 모아서 개발자를 구하고, NFT 토큰 및 이를 이용한 간단한 게임을 만들자는 것이었다. 이 게임은 일명 '방치형 육성 게임'으로, 자신의 왕국 같은 곳에 농장이나 건물들을 세워두고 가만히 내버려두면 이 건물들이 알아서 토큰을 생산하는 개념이었다. 시간이 흐르면서 레벨은 자연스럽게 오르고, 그러면 지을 수 있는 건물의 가짓수도 많아지게 되었다. 레벨이 오른 게임유저는 토큰으로 더 다양한 건물을 지을 수 있게 되고, 또 토큰으로 좋은 아이템을 사서 자신만의 왕국을 더 멋지게 꾸밀 수도 있었다. 물론 좋은 아이템은 한정적이었다. 아무나 살 수 있는 것도 아니었고, 그래서 웃돈을 주고라도 거래가 되는 경우가 발생했다.

이들의 사업은 대박이 났다. 게임이 입소문을 타자 토큰을 직접 구매하려는 수요가 폭발적으로 늘어났다. 일부는 한정판 NFT를 가지고 싶어했고, 이를 거액에 구매하는 것을 망설이지 않았다. 문제는 이 토큰이나 한정판 NFT는 모두 철수 씨와 영희 씨가 마음만 먹으면 언제든지 발행하여 판매할 수 있다는 것이었다.

개발자는 토큰과 NFT를 밤낮으로 찍어냈고, 게임유저들은 이를 순식간에 모두 구매해갔다. 철수 씨와 영희 씨는 몇 개월 만에 수십 억 원을 벌어들였다.

그 과정에서 철수 씨는 사업자를 내고 나름의 조직을 갖춰 사업을 이끌어갔다. 영희 씨에게는 자잘한 것부터 중요한 업무들을 고루 맡겼다. 영희 씨가 직원 면접을 보는가 하면, NFT 시장의 흐름을 살펴 철수 씨에게 리포트하는 업무를 도맡기도 했다. 영희 씨는 회사 내부에서 이사님으로 불렸는데, 직원들 사이에서 영희 씨가 철수 씨의 여자친구라는 사실은 공공연한 비밀로 모두 알고 있었다.

막대한 돈을 벌게 되자 철수 씨는 우선 집과 차부터 바꾸었다. 청담동에 유명한 아파트를 사고, 차도 슈퍼카로 바꾸었다. 영희 씨에게는 수천만 원의 상여금을 주었다. 동업 수익을 배분한다는 개념으로 말이다. 영희 씨는 철수 씨가 사업 수익의 대부분을 가져가는 게 내심 마음에 걸렸지만, 자신이 처음에 출자한 금액도 적었고, 실제 도맡아 하는 일의 양도 많지 않았기 때문에 아무런 내색을 하지 않았다.

그런데 철수 씨는 언젠가부터 영희 씨를 하대하기 시작하였다. 회사가 커지고 큰 돈을 벌자 영희 씨를 별 볼일 없는 사람으로 취급하는 듯 했다. 그러더니 급기야 영희 씨를 기상천외한 방법으로 괴롭히기도 하였다. 어느 날은 자신의 슈퍼카 성능을 경험해보라면서 영희 씨를 조수석에 태운 뒤 급가속과 급제동을 반복하였다. 겁에 질린 영희 씨가 그만하라고 애원하자 철수 씨는 영희 씨를 고속도로 한복판에 내리게 하고 그냥 가버렸다. 또 어느 날은 한 밤 중에 영희 씨를 자신의 집으로 불러놓고는 환경미화 활동을 하라면서 집 근처에 있는 쓰레기 10개를 주워오라고도 하였다. 영희 씨는 심각한 모멸감을 느꼈다. 그러면서 한편으론, 자신을 아끼고 사랑해주던 남자가 갑자기 돌변하여 괴물이 되어버린 상황에 좌절감과 허망함을 느끼기도 하였다.

며칠을 고통받던 영희 씨는 결심했다. 이성관계에서 버림받은 자신의 상처는 묻어 두더라도, 동업관계에서 제대로 받지 못한 자신의 돈 만큼은 반드시 받아내기로 말이다.

영희 씨는 철수 씨에게 이별을 통보하면서 그동안 동업체가 벌어들인 수익의 40%를 달라고 요구하였다. 철수 씨는 말도 안 되는 소리라면서 영희 씨의 말을 그대로 무시해버렸다. 철수 씨는 그 과정에서 영희 씨에게 욕설도 했고, 직원들이 있는 단톡방에서 영희 씨를 폄하하는 발언도 서슴지 않았다.

영희 씨는 결국 법원으로 향했다. 영희 씨는 동업체의 탈퇴를 주장하면서, 탈퇴 시점의 동업체의 재산상 가치를 평가하여야 한다고 주장하였다. 우선 영희 씨는 넘어야 할 산이 많았다. 일단 두 사람의 동업관계, 즉 조합관계가 인정되어야 한다는 산을 넘었어야 했다. 연인관계였던 두 사람이 제대로 된 동업계약서를 썼을 리가 만무했다.

결국 솜뭉치처럼 흩어진 정황증거들을 하나씩 모아 힘겨운 증거싸움을 진행해야 했다. 다행히 영희 씨가 철수 씨에게 조금이나마 출자금을 냈었고, 회사에서는 이사로 불리며 각종 업무를 처리하였다는 점, 나아가 철수 씨가 동업관계를 인정하는 취지의 문자를 보낸 정황 등이 모두 모여서 두 사람이 동업관계에 해당했다는 사실은 법원으로부터 인정을 받을 수 있었다.

이에 따라 법원은 두 사람의 동업체의 경제적 가치를 평가하기 위하여 감정평가를 실시하기로 하였다. 영희 씨는 뛸 듯이 기뻐하였다. 이제 남은 것은 수십억 원의 매출을 올린 동업체의 경제적 가치에서 자신의 지분만큼 상당한 돈을 받아가는 것이라고 생각했다. 하루하루가 행복했다.

하지만 결과는 의외였다. 법원에서 감정평가를 촉탁한 대부분의 감정평가사들이 감정평가가 불가능하다는 취지로 회신을 하였던 것이다. 그마저도 감정평가를 해보겠다고 하는 업체에서조차 정확한 감정은 어려울 것이라는 단서를 붙여 회신을 해왔다.

영희 씨는 도통 이해가 가지 않았다. 수십억 원의 매출을 올리고, 대표인 철수 씨는 초호화 주택과 차량을 구입하면서 떵떵거리며 살고 있는데, 정작 동업체의 가치를 매길 수가 없다는 게 말이 안 된다고 생각했다.

우여곡절 끝에 감정평가를 받으면서 영희 씨는 중요한 사실을 깨닫게 되었다. 동업체가 올렸던 수십억 원의 매출은 잠깐 빛나고 타버린 불씨에 지나지 않았다. 오히려 NFT 시장이 사행길로 접어들면서 이들의 동업체는 부채가 더 많아질 위기에 놓여있었다.

심지어 철수 씨는 토큰을 구매한 사람들로부터 사기죄로 형사 고소를 당한 상태였고, 그 이면에는 고객들로부터 토큰을 받아 회사에 예치하고 그 이자를 고객들에게 돌려주는 형태의 또 다른 사업이 있었다. 사실 철수 씨가 계획한 사업은 일종의 다단계 같은 사업이었고, 결국 이들의 동업체는 수많은 채권자들에게 도리어 돈을 토해내야 하는 상황이었던 것이다.

감정평가사는 영희 씨에게 말했다. 최소한 3년 동안 수십억 원의 매출이 꾸준히 지속되어 왔다면 지금의 사업상 난맥은 극복할 수 있는 수준이었을지도 모른다고 말이다. 하지만 이들의 동업체는 설립된 지 1년도 채 되지 않은 신생 업체였고, 그 짧은 사이에 수십억 원의 매출과 수십억 원의 채무를 가지게 되는 등 경제적 가치가 제대로 평가될 수 있는 안정적 근거가 전혀 없는 상황이었다.

사실 영희 씨는 철수 씨가 또 다른 사업을 계획하고 실행하는 줄은 꿈에도 모르고 있었다. 철수 씨는 맨날 회사에 나와서 '우리가 이번에도 수십억 원의 코인을 팔았다'고 하고, 그러면 주변에서는 철수 씨의 말에 연일 환호를 하던 상황이었다. 그래서 영희 씨로서는 탈퇴를 선언하고 나올 때만 하더라도 이들의 동업체가 부실 기업일 수 있다는 점을 전혀 눈치채지 못했던 것이다.

영희 씨가 소송을 건 뒤로부터 불과 2달이 되지 않아 철수 씨는 동업체를 폐업하게 되었다. 더 큰 문제는 영희 씨가 동업체의 채무에 대하여 동업자로서 연대책임을 져야 할 수도 있는 상황이 되었다는 것이었다. 얼마 지나지 않아 철수 씨는 영희 씨에게 개인적으로 연락을 남겼다. '지금 이 상황은 내가 홀로 지고 갈 테니 이제 그만 하자, 그동안 많이 미안했다'. 즉, 철수 씨 혼자 사업을 벌인 셈으로 할 테니 분쟁을 그만하자는 제안이었다.

영희 씨는 마음이 복잡해졌다. 오직 이성적 판단에만 기대어 자신의 권리를 찾고자 시작했던 소송이었는데, 오히려 제3자의 객관적 판단 결과는 자신에게 불리했다. 반면, 소송 막바지에 철수 씨가 보여준 모습에 영희 씨는 지난 감정의 소용돌이가 떠올라 눈물이 나오기도 했다. 결국 영희 씨는 소를 취하하였고, 그렇게 두 사람의 인연은 최종적으로 막을 내리게 되었다.

위 사례에서 보는 바와 같이, 일단 탈퇴를 하기만 하면 무조건 돈을 받을 수 있다고 생각하는 사람들이 종종 있다. 어쨌든 적자는 아니었으니까 뭐라도 받아낼 수 있지 않겠냐는 생각이 머릿속에 깊이 새겨져 있기 때문이다.

하지만 동업분쟁을 법원의 영역으로 가지고 오는 순간, 막연한 생각은 전혀 통하지 않게 된다. 오직 객관적 자료에 의한 객관적 평가만이 당신을 기다리고 있을 뿐이다. 매출이 꼬박꼬박 나오는 작은 상점이라고 할 지라도 1~2년 밖에 되지 않은 상황이라면 감정평가를 기대하기는 다소 어렵다. 최소한 3년은 지나야 그 사업체가 자리를 잡았고 성공적으로 수익을 내고 있다는 평가를 받을 수 있다는 게 통설이다.

반짝 매출이 올랐던 시절을 떠올리면서 이러한 사정이 동업가치에 적극 반영되길 바라는 경우도 많다. 하지만 동업은 곧 사업이고, 사업은 유기적 생물체와 같아서 언제 어떻게 변화할지 모른다. 눈에 보이는 매출보다 눈에 보이지 않는 빚이 더 많은 경우도 있다. 때문에 탈퇴로 인한 지분반환 청구를 하려면, 최소한 동업체의 재무와 업황은 어느 정도 구체적으로 파악하고 시작하는 것이 좋다.

한편, 탈퇴한 조합원에게 동업체 회계자료가 없거나 재무관련 정보에 접근이 불가한 경우도 있다. 이 경우에는 일단 소송을 시작해서 법원을 통해 강제로 회계자료를 받아보는 방법이 있기는 있다. 또한, 감정평가를 받게 되면 감정인이 알아서 회계자료 제출을 요구하기도 하니, 그냥 무작정 소송을 시작하는 경우도 종종 보인다. 하지만 위 사례처럼 막상 회계자료를 받아보고 났는데 동업체가 실은 텅 빈 깡통인 경우가 있다. 그러면 그때부터 골치가 아프기 시작한다. 그간 들어간 소송비용부터 감정평가 금액까지 독박을 써야 할 처지에 놓일 수도 있고, 심지어는 동업체 채무에 대하여 연대책임을 져야 한다는 점을 스스로 공식화 해버리는 셈이 될 수도 있다.

그래서 필자는 동업분쟁을 함에 앞서서 분쟁당사자가 얼마나 해당 동업에 대해 이해를 하고 있는지, 그리고 그 동업의 규모와 현금흐름에 대하여 제대로 파악을 하고 있는 지부터 물어보곤 한다. 무조건 받을 수 있다는 게 아니라, 예상치 못한 변수로 인하여 받을 돈이 별로 없을 수도 있다는 사실을 꼭 안내해준다. 그러면 한 절반 정도는 조금 더 생각을 해보겠다며 소송을 미룬다. 그리고 나중에 알고 보면 당사자끼리 잘 합의해서 끝냈다는 소문이 들린다. 결과적으로 누가 이득을 본 것인지 필자로서는 알 길이 없지만, 어쨌든 상담비용으로 소송비용을 대체한 셈이니 그 역시도 이득이 아니겠냐는 생각을 하곤 한다.

동업을 종료하면서 남은 지분을 정리하는 과정은 늘 고달프다. '대화로 안되면 법대로'라는 말이 절대적인 영역이다. 하지만 법은 증거에 따라 판단을 할 따름이다. 특히나 금전을 청구하는 소송에서 그 금액은 1원 단위까지 완벽하게 증거로서 입증되어야 한다. 그래서 오히려 더 깐

깐하고 보수적인 기준을 따르기도 한다.

말이 안 통하는 동업자가 지독하고 얄미운가? 하지만 법은 더 지독하고 잔인하기까지 하다. 그러다 보니 소송에서 당사자 둘 다 우는 경우는 봤어도 둘 다 웃는 경우는 거의 보질 못했다. 가능하면 대화로 해결하라는 옛 선인들의 말씀이 틀리지 않다고 생각되는 대목이다. 물론, 대화로 안 되면 법대로 처리해야 함은 어쩔 수 없는 노릇이지만, 그 전에 한 번이라도 더 동업자와 대화를 시도해 보는 것은 어떨까.

나눠 먹을 파이의 크기는 누가 정할까?

동업을 많이 하는 업종 중에 헬스장, PT샵 등이 있다. 여러 이유가 있겠지만 이들 업종이 동업을 많이 하는 이유 중 하나는 바로 창업비용이 상당히 들기 때문이다. 특히, 기존에 잘 운영되던 사업장을 권리금 주고 인수하는 경우라면 모를까, 아예 운동기구와 설비, 인테리어를 싹 다 새로 바꾸어서 시작하는 경우라면 억 단위의 비용은 우습게 들어간다.

이렇게 많은 자본이 소요된 동업의 경우, 정산단계가 가장 큰 관건이 된다. 동업체의 경제적 가치를 바라보는 시선이 기본적으로 당사자마다 다를 수밖에 없다는 점은 앞서 본 바와 같다. 그런데 막상 정산을 하려고 하면, 평소 눈여겨보지 않던 기구 하나라도 감가상각까지 모두 고려하여 재고자산에 편입시킴으로써 동업체의 경제적 가치를 최대한 부풀리려고 하는 게 대부분이다.

그런데 감가상각과 같은 회계적 평가는 일반인이나 법률가에게 공인성이 부여되어 있지 않다. 감정평가사, 회계사 등 다른 전문 직역에게 부여되는 영역이다 보니, 동업 정산 관련 소송을 하다 보면 결국 감정평가를 실시하는 것으로 귀결되는 경우가 매우 많다. 즉, 판사도 공인된 감정평가사가 아니다 보니 객관적이고 공인된 제3자에게 가치평가를 맡겨보는 것이다.

하지만 감정평가사는 탐정이 아니다. 오로지 드러나있는 사실관계를 기초로 감정평가를 한다. 그러다 보니 원고와 피고는 각종 자료와 의견을 모아서 감정평가사에게 전달하기도 한다. 그 과정이 얼마나 치열한지 사례를 통하여 느껴보자.

철수 씨와 경수 씨는 헬스 동호회를 통해서 서로 알게 된 사이이다. 철수 씨는 어릴 때부터 운동을 좋아하던 평범한 청년이었다. 반면, 경수 씨는 헬스장에서 트레이너로 오랫동안 일하면서 나름의 명성을 가지고 있었다. 경수 씨는 사업수완도 좋아서 헬스 관련 보조제, 기구 등을 판매하면서 큰 수익을 거두고 있었다.

평소 철수 씨의 근면하고 성실한 모습을 지켜보던 경수 씨는 같이 헬스장을 차려보지 않겠냐고 제안하였다. 철수 씨는 유명한 헬스 트레이너가 자신과 헬스장 사업을 해보자고 하는 게 너무나도 반가웠고 고마웠다. 그렇게 둘은 의형제를 맺고 '우리는 무조건 반반'을 외치며 헬스 사업을 본격적으로 시작했다.

헬스장은 그야말로 대박이 났다. 철수 씨는 고객들에게 언제나 친절하고 상냥하게 운동하는 방법을 알려줬다. 그러면서 꾸준하게 대회도 나가 입상을 하고 커리어를 쌓았다. 헬스장 곳곳에는 철수 씨가 대회에서 우승한 사진과 트로피가 전시되었다. 경수 씨는 대신 사업체 살림을 도맡았다. 직원관리, 회계관리 등 사무 업무를 위주로 보면서, 다년간의 헬스 트레이너 경력을 살려 헬스장 경영을 훌륭하게 해내었다.

그런데 경수 씨가 따로 운영하던 헬스 보조제 사업과 관련하여 문제가 발생했다. 경수 씨는 이 문제를 해결하느라 헬스장 운영에 제대로 집중을 하지 못하였고, 철수 씨는 이런 상황을 처음에는 의리로써 이해하려고 노력하였다. 하지만 결국 철수 씨는 경수 씨를 대신하여 헬스장의 경영까지 도맡게 되었다. 하루 24시간, 일주일 7일이 부족하였고, 철수 씨는 헬스장에서 살다시피 하였다.

그런데 호의가 계속되면 권리가 된다고 하지 않았던가. 어느 순간부터 경수 씨는 철수 씨에게 헬스장 경영이 엉망이라며 호통을 치기 시작했다. 그러면서 철수 씨가 헬스장의 모든 것을 도맡아 운영하게 하고, 정작 경수 씨는 아무것도 안 하면서 수익만 분배받아 갔다.

철수 씨도 어느 순간부터 무언가 잘못되었음을 인지했으리라. 철수 씨는 친형처럼 믿고 따르던 경수 씨에게 점차 서운함을 느끼기 시작했고, 이를 주변 사람들에게 솔직히 털어놓기 시작했다. 그 말을 들은 주변사람들은 하나 같이 얼른 관계를 정리하라고 조언하였다. 그렇게 어영부영 시간이 흐르다보니 어느새 1년이라는 세월이 지났다. 철수 씨도 이제는 더 이상 참을 수가 없었다. 결국 철수 씨는 경수 씨에게 결별을 선언했다.

경수 씨는 의외로 침착했다. 철수 씨의 동업관계 종료 의사를 듣고 나서도 표정의 변화 없이 몇 초 정도 침묵을 가지더니, 이내 '알겠다'라고 짧게 대답을 할 뿐이었다. 대신 경수 씨에게는 조건이 있었다. 마침 헬스 보조제 문제가 해결되었던 터인지라 자신이 헬스장을 이어서 계속 운영하고, 철수 씨에게는 헬스장의 재산을 지분 비율만큼 현금으로 주겠다는 것이다. 그러면서 경수 씨가 제시한 금액은 철수 씨가 초기에 투자한 비용의 족히 3배는 되는 큰 금액이었다.

철수 씨는 고민에 빠졌다. 생전 처음 만져보는 큰 금액에 처음에는 기분이 좋았었다. 그 돈으로 다시 헬스장을 차리면 몇 배는 더 벌 수 있겠다는 생각도 들었다. 하지만 시간이 지날수록 억울한 마음이 커져만 갔다. 처음에는 서로 의기투합을 해서 헬스장을 만들었지만, 헬스장의 눈부신 성장에 경수 씨가 기여한 바가 도무지 무엇인지 알 수 없었다. 심지어 최근 1년 동안은 자신이 홀로 헬스장을 운영하다시피 했었다. 그 사이 헬스장은 2호점, 3호점을 내면서 승승장구할 일만 남아 있었다. 오랜 고민 끝에 철수 씨가 내린 결론은 더 많은 돈을 받아야 하겠다는 것이었다.

경수 씨는 철수 씨가 다시 몇 배의 금액을 요구하자 난처함을 보였다. 이미 충분한 금액을 제시했고, 헬스장 운영감각은 여전히 자신이 더 탁월할 뿐만 아니라, 최근 철수 씨 홀로 헬스장을 운영할 수 있었던 것도 다 자신이 만들어 놓은 경영시스템 덕분이었다는 식으로 주장했다.

철수 씨는 경수 씨에게 역으로 질문했다. 도대체 경수 씨가 내놓은 정산금은 어떤 기준으로 정해진 것이냐고 말이다. 그랬더니 경수 씨는 아주 쉽게 대답했다. 매출액과 자산 등을 따져보았을 때 다른 사람들이 이 헬스장을 인수하려는 가격이 대략적으로 정해져 있다는 것이었다. 실제 자신에게 인수 제안을 하는 사례도 있었다면서, 그 가격을 기준으로 계산한 것이니 문제가 없다는 취지였다.

철수 씨는 경수 씨의 주장을 듣고 처음으로 배신감을 느꼈다. 사실, 매출액과 자산을 따진다면 경수 씨가 제시한 금액은 터무니없이 적은 금액이었다. 평소 이해타산에 어두운 자신의 성격을 노리고 헬스장을 고의로 저평가한 것이라는 생각이 머릿속을 떠나지 않았다. 특히나, 자신이 지난 1년 동안 경영을 도맡아 하면서 보았던 이 헬스장의 매출 및 성장 가능성은 경수 씨의 얘기와는 너무나도 달랐다. 철수 씨는 결국 소송을 통하여 이 사안을 해결하기로 결심했다.

소송을 시작하자 경수 씨는 의외로 덤덤하게 동업관계 내지 지분비율 등을 모두 인정하였다. 다만, 철수 씨의 요구가 지나치게 과하다는 주장에만 집중했다. 결국 사건은 헬스장의 경제적 가치가 얼마 정도 되는지가 핵심 쟁점이 되었다. 철수 씨는 감정평가의 공정성을 담보하고자 법원에 감정평가사 선정을 일임하여 감정평가를 신청하였고, 어느 노년의 감정평가사가 선정되면서 본격적으로 감정이 시작되었다.

기본적으로 감정평가에 필요한 자료는 회계자료였다. 그러나 무슨 이유에서인지 헬스장의 회계처리를 담당하던 세무법인에서 철수 씨에게 자료 전달을 거부했다. 철수 씨는 동업자로서 당연히 볼 권한이 있다고 했지만 세무법인은 법원의 명령을 들고 오라며 입을 굳게 닫았다. 이때부터 철수 씨는 뭔가 심상치 않은 기운을 느꼈다. 곧바로 법원에 자료제출 명령을 신청하였고, 회계자료를 받아보게 되었다.

철수 씨는 회계자료를 보고 큰 충격에 빠졌다. 헬스장 매출이 실제보다 거의 반 토막에 가깝게 기재되어 있었다. 반면 비용은 자신이 알던 것보다 더 많이 기재되어 있었고, 결국 헬스장의 순이익은 매년 적자를 기록하고 있었다. 사실 말이 되지 않는 회계자료였다. 수년간 매번 적자를 기록하는 헬스장이 2호점, 3호점 개설을 준비할 리가 없었다.

그 순간, 몇몇의 장면이 철수 씨의 머릿속을 스쳐 지나갔다. 경수 씨를 대신해 헬스장 살림을 맡았던 지난 1년 동안, 직원들은 철수 씨 앞에서 돈 이야기가 나오면 '세무법인에 바로 전달하고 있으니 걱정말라'면서 자세한 이야기를 하지 않으려고 하였다. 경리 직원이 따로 있었고, 철수 씨는 이 직원이 알아서 세무법인과 함께 회계정리를 잘 하고 있는 줄로만 알았다.

하지만 실상은 야속했다. 철수 씨를 제외한 나머지 모든 직원들은 현금 매출을 모두 회계장부에 누락하고 자신들이 나누어 가지고 있었던 것이었다. 그리고 그 배후에는 경수 씨가 있었다.

결국 철수 씨는 현금매출의 존재를 어떻게든 입증해야만 했다. 감정평가사는 현금매출의 경우 객관적 자료가 없으면 함부로 인정할 수 없다면서 구체적인 증거를 요청했다. 하지만 현금매출을, 그것도 수억 원 단위의 현금거래를 증명하는 것은 사실 불가능에 가까웠다. 누가, 언제, 어디서, 누구에게, 얼마를, 무슨 명목으로 전달했는지 하나하나 밝히는 것은 시간을 되돌리지 않고서는 할 수 없는 일이었다. 그래서 철수 씨는 현금매출의 대략적 규모와 그 규모를 추단할 수 있는 정황증거를 최대한 수집하는 전략을 선택할 수밖에 없었다.

일단 현금매출의 존재 자체부터 확실하게 입증해야 했다. 처음에는 막막했다. 직원들은 경수 씨 편이었고 아무도 연락이 되지 않았다. CCTV는 지워진지 오래였고, 수많은 고객에게 일일이 전화해서 헬스장 이용료 지급방법을 묻는 것은 오히려 개인정보법에 위배될 수가 있었다.

하루하루가 암흑 같았던 철수 씨에게 한 줄기 빛이 비춰진 것은 오래 전 받은편지함에서 발견한 단 하나의 이메일이었다. 그 이메일은 원래 회계직원이 경수 씨에게 보낸 것인데, 참조로 철수 씨가 들어가 있어서 메일의 내용과 첨부파일을 볼 수 있었다. 메일 내용은 월매출 현황을 보고한다는 것이었고, 첨부자료에는 엑셀파일이 있었다. 그리고 그 엑셀파일에는 일시, 고객명, 금액, 이용서비스 등이 소상히 적혀 있었는데, 맨 마지막 칸에는 '현금/카드'와 같이 지불방법이 구분되어 있었다.

다시 말해 현금매출이 기록된 상업장부를 찾은 것이었다. 직원들은 매월 현금매출까지 소상하게 기록한 진짜 매출전표를 경수 씨에게 전달하고 있었다. 하지만 경수 씨는 오리발을 내밀었다. 그런 파일을 받기는 했지만 정확한 것인지는 기억이 안 난다면서, 이미 파일들이 모두 지워졌다고 했다.

철수 씨는 직원들에게 다른 엑셀자료들도 임의로 제출할 것을 요구했다. 거부하거나 연락이 되지 않는다면 법원에 제출명령을 신청하거나, 증인으로 나오도록 하였다. 이메일 회사에도 협조를 요청했다. 물론 협조가 처음부터 잘 될리는 만무했다. 그런데 철수 씨의 진심이 하늘에 닿았던 것일까. 예전에 일하던 직원 한 명이 양심선언을 하게 되었다. 실제 현금매출이 어느 정도였고, 현금 매출을 포함한 실적을 매달 엑셀에 정리하여 경수 씨에게 전달했다고 증언했다.

그 결과 위 엑셀파일은 상업장부로서 증명력이 인정될 수 있었다. 감정평가사도 이러한 과정을 참작하여 당시 현금 매출을 기준으로 전체 사업기간의 현금 매출 규모를 추정할 수 있을 것 같다고 전향적인 입장을 보였다. 그리하여 철수 씨와 경수 씨의 헬스장 매출액은 국세청에 신고된 회계자료보다 2배 더 높은 규모로 인정받을 수 있었다. 이로써 헬스장의 경제적 가치도 더 많은 금액으로 평가될 수 있었고, 결국 철수 씨가 경수 씨로부터 받아낼 수 있는 몫도 커지게 될 수 있었다.

사실 이 밖에도 철수 씨와 경수 씨는 동업재산을 둘러싸고 치열하게 다투었다. 가령 남아있는 운동기구 가격이 얼만지, 그 기구가 지금도 있는지, 권리금은 얼마인지, 회원 규모와 향후 성장가능성은 어떨지에 대해 사사건건 대립할 수밖에 없었다. 지면의 한계로 현금매출에 관한 다툼만을 소개했지만 실제로 동업재산에 관한 두 사람의 분쟁은 처절하다 못해 잔혹하였다.

소송이 끝나고, 철수 씨와 경수 씨는 남보다 못한 사이가 되었다. 철수 씨는 몇 년의 세월을 투자하여 자신의 권리를 되찾았지만 지칠 대로 지친 심신을 달래줄 방법은 어디에도 없었다. 경수 씨는 비록 자신이 제안했던 것보다 더 많은 돈을 철수 씨에게 주어야 했지만, 헬스장을 무려 8호점까지 늘리면서 예전보다 더 많은 수익을 거두며 여전히 활발한 활동을 하고 있는 중이다.

위 사례는 처음부터 동업계약서도 잘 작성됐고, 경영도 순탄히 잘 이루어졌다는 점에서 다른 사례와 조금 다른 결을 가지고 있다. 이렇게 동업체를 훌륭하게 키워놓고 마무리 단계에서 자신의 권리를 인정받지 못한다면 얼마나 허무하겠는가. 그런데 사실 그 권리란, 결국 돈이라는 숫자에 불과하고, 법정에서의 숫자는 오직 증거에 따라 결정된다. 동업분쟁이 결코 쉽지 않은 이유도 여기에 있다. 정작 내가 일궈낸 동업체라도 나눠 먹을 파이의 크기는 다른 사람이 결정할 수 있다는 사실을 명심하자.

동업을 그만두는 것은 타이밍 싸움이다

동업을 종료할 때 동업체의 경제적 가치를 평가하여 자신의 지분만큼 돌려받을 수 있다는 기초적 개념을 우리는 이제 잘 알게 되었다. 그런데, 동업을 접기만 하면 무조건 돈을 받을 수 있을까? 무언가 석연찮은 구석이 느껴지지 않는가? 동업은 수익만 분배하는 관계가 아니라 비용, 즉 채무도 분담하는 관계다. 따라서 동업을 접을 때 동업체가 수익보다 부채가 많은 상황이라면, 오히려 부채를 자기 지분비율만큼 돌려내고 나가야 할 수도 있다.

그래서 동업을 접는 타이밍도 참으로 중요하다는 것이다. 동업체가 빚잔치를 하고 있는 와중에 나홀로만 동업체에서 빠져나갈 수 있을 것이라는 상상은 다분히 불공정한 생각이다. 동업자와 아예 사업을 접고 채무를 공평하게 분담한 다음 각자의 길을 다시 가는 것이 보다 상식적이라는 점에 이견은 없을 것으로 보인다.

그런데 동업을 접는 이유에는 단지 사업이 망해서가 아니라, 동업자와의 불화, 개인적인 사정과 같은 다양한 사유들이 존재한다. 때문에 동업을 접는 시점에 동업체가 오히려 승승장구 하면서 사업이 확장 기로에 서있는 경우도 종종 등장한다. 이런 경우 동업을 접는 입장, 즉 조합에서 탈퇴하는 입장에서는 배가 아프기 마련이다. 내 헌신과 노력으로 일궈낸 사업의 성과를 남은 동업자가 독차지하고, 그저 나는 돈 몇 푼만 쥔 채로 나가는 꼴이기 때문에, 최대한의 돈을 받아내야겠다고 다짐한다.

그러다 보니 어떤 사람들은 동업을 접은 다음 한참이 지난 후에야 갑자기 나타나 동업재산이 이만큼 커졌으니 이를 기준으로 지분반환을 해달라고 요구하기도 한다. 그러나 반대입장에서는 어처구니가 없는 상황일 것이다. 동업자가 나가버려서 그 이후로는 본인 혼자 모든 업무를 다 해왔는데, 이제 좀 사업을 키워 놓으니까 갑자기 나타나 절반을 달라니, 누구라도 도저히 받아들이기 어려울 것이다.

그래서 우리 법은 탈퇴자의 지분반환 청구권을 '탈퇴 당시' 시점의 조합재산을 기준으로 정해야 한다고 규정하고 있다. 가령 작년에 동업을 탈퇴한 사람이 갑자기 지금 나타나서 지분반환을 요구한다면, 그 지분의 가치는 지금이 아닌 작년을 기준으로 계산하면 된다는 것이다.

상반된 두 가지 사례를 들어보자.

먼저 영희 씨와 정숙 씨의 사례다. 영희 씨와 정숙 씨는 와인 소모임에서 만나 알게 된 사회 지인이었다. 이들은 평소 와인에 관심이 많아 이런 저런 와인 종류를 비교 시음하는 것이 취미였다. 술 한 잔 걸치기만 하면 두 사람은 서로를 찾았고, 소모임 무리에서도 영혼의 단짝처럼 단 둘이 대화하는 시간이 많았다.

이들은 점차 사적으로도 연락을 주고 받는 사이로 발전하였고, 영희 씨와 정숙 씨는 소모임이 종료된 이후에도 종종 만나 와인을 마시며 담소를 나누곤 하였다.

영희 씨와 정숙 씨는 어느 날과 다를 바 없이 와인바에서 서로 평소 근황을 물으며 이야기를 나누고 있었다. 그런데 누군가 지나가는 말로 말했다. '이런 와인바에는 참 작고 예쁜 소품이 많아서 좋은데, 이걸 모아놓고 파는 곳이 없을까?'. 그랬더니 누군가 받아쳤다. '와인 마니아를 위한 소품을 판매하는 사업을 함께하면 좋겠다'고 말이다. 두 사람의 눈은 반짝였고, 그때부터 영희 씨와 정숙 씨는 더 이상 친구 사이가 아닌, 동업자 사이로 변신하게 되었다.

두 사람 모두 사업은 처음인지라 초기에는 서툰 점이 많았다. 인터넷 쇼핑몰을 만들고, 제품을 촬영하여 상세페이지 작업을 하고, 제품을 공급받을 공장을 물색하는 데만 몇 달이 걸렸다. 하지만 두 사람은 확신이 있었다. 누구보다 와인에 진심이었던 그들은 다른 어딘가에도 자신들과 같은 마음의 사람들이 있을 것이라고 믿었고, 자신들이 기획하고 선택한 소품들은 분명 시장에서 큰 호응을 얻을 것이라고 자신하였다.

그렇게 동업을 시작한 지 반 년이 지난 무렵, 첫 주문이 들어왔다. 두 사람은 너무 신기해하면서 손수 감사편지까지 써서 택배상자에 동봉하여 고객에게 제품을 보냈다. 무언가 진행이 되고 있다는 생각에 가슴이 두근거리기 시작했다. 곧이어 두 번째, 세 번째 주문이 이어지더니, 몇 주 뒤에는 그야말로 주문이 비처럼 쏟아지기 시작하였다. 마니아들

사이에서 입소문이 난 모양이었다.

주문량이 폭증하다보니 두 사람만으로는 사업이 감당되지 않았다. 수입 및 통관업무를 담당하는 직원을 뽑고, 고객관리 및 응대를 하는 직원을 뽑고, 물류 및 배송을 담당하는 직원을 뽑고, 그 밖에 회계직원, 관리직원 등을 뽑으면서 두 사람의 동업체는 어느덧 꽤 큰 규모의 사업장으로 성장하게 되었다.

두 사람은 여전히 서로에게 존댓말을 쓰면서 각자 나름의 배려를 했고, 상품의 기획과 마케팅 전략, 가격 결정, 상품 상세페이지 제작 등 뭐든지 두 사람의 의견이 일치될 때만 진행하였다. 그래도 두 사람은 아무런 불만이 없었다. 두 사람의 사업은 이제 달리는 호랑이의 등에 탄 상황이었고, 개업 수년 만에 매출은 100배 이상 증가하였다.

그런데 몇 달 뒤, 두 사람은 서로에게 지울 수 없는 상처를 주고 헤어지게 되었다. 무엇 때문이었을까. 사실 큰 문제는 아니었다. 영희 씨는 정숙 씨가 은근히 자신을 무시하는 듯한 말투가 어느 순간부터 거슬리기 시작하였다. 그도 그럴 것이, 정숙 씨는 영희 씨보다 10살이나 많은 언니였다. 정숙 씨도 세월이 흐르다 보니 동생을 조금 편하게 대했으리라. 하지만 영희 씨는 신경이 거슬리는 것을 참지 못했고, 간접적으로 자신의 감정을 표현하기 시작하였다. 사업은 정신 없이 성장하고 있는 가운데 두 사람 간의 미묘한 신경전이 시작된 것이다.

영희 씨는 정숙 씨의 말 한 마디 한 마디에 의미를 부여하고 큰 상처를 받았다. 가령, 정숙 씨가 영희 씨에게 '아직 어릴 때라 이런 감성은 못 느낄 수 있다'고 말하면, 영희 씨는 곧장 정숙 씨가 자신을 무시한다고 받아들이는 식이었다. 심지어 이 한 문장을 가지고 며칠 동안 곱씹으면서, 알게 모르게 상하 관계가 정해져 있는 듯한 발언이라고 느껴버리는 것이 영희 씨의 스타일이었다.

이에 영희 씨는 정숙 씨에게 장문의 카톡을 보냈다. 장문의 카톡이란 게 참 우리 생활에서 많이 등장하는데, 이 장문의 카톡을 주고받는다는 것은 일단 서로 관계가 심각해진 상황임을 암시하는 경우가 대부분이다. 정숙 씨는 영희 씨의 카톡을 받아보고 부담을 느꼈다. 사업을 함께 하는 사람끼리 일만 잘하면 되지, 자신의 말 한 마디에 모든 자극을 받는 영희 씨를 대체 어떻게 대해야 할지 난감했다. 그래도 정숙 씨는 영희 씨에게 사과의 메시지를 보냈다. 영희 씨가 사과를 받으면서 두 사람은 다시 친해지는 듯했다.

하지만 이번에는 정숙 씨가 좀 억울한 감정이 들었다. 사실 정숙 씨는 영희 씨보다 자신이 일을 더 열심히 하고, 또 일머리도 좋아서 실적도 훨씬 더 잘 내고 있다고 생각하고 있었다. 그런데 여기에 더해서 한참이나 어린 영희 씨의 감정까지 눈치를 보아야 하니 스트레스가 급속도로 커지게 되었다. 그래서 이번에는 정숙 씨가 영희 씨에게 장문의 카톡을 보내었다. 영희 씨도 정숙 씨의 상황을 이해하고 사과를 했다.

이렇게 해서 두 사람은 묵은 오해를 풀고 예전처럼 다시 잘 지내게 되었을까? 그렇지 않다. 영희 씨와 정숙 씨는 상대방이 자신에게 어떤 감정을 가지고 있는지 확실하게 이해하게 되었다. 상대방의 감정을 내가 인정을 하고 받아들일지 말지의 문제만 남아있던 것이었다. 하지만 영희 씨는 정숙 씨가 이해되지 않았다. 아무리 일적으로 함께하는 사이라고 하더라도 동업자를 무시하거나 하대하는 듯한 태도는 결코 정당화

될 수 없는 것이므로 정숙 씨가 전향적으로 태도를 바꾸어야 한다고 생각했다.

정숙 씨도 영희 씨가 이해되지 않았다. 사업과 전혀 상관없는 부분에서 동업자에게 계속 문제를 삼는 것은 도리어 사업에 방해가 되는 행위라고 생각했다. 영희 씨가 자신의 언행에 문제제기를 하면 자신은 쿨하게 그것을 인지하고 사과하고 개선하면 되는 것인데, 영희 씨는 사업 수행에 지장이 생길 정도로 분위기를 무겁게 만들고, 직원들이 눈치를 보게 만들고, 사업과 관련된 정상적인 의사소통을 하기 힘들게 만들었다. 그래서 정숙 씨는 영희 씨야말로 공과 사를 구분하여 주었으면 하는 간절한 바람이 있었다.

두 사람의 억눌린 감정은 결국 하나의 큰 사건으로 비화되었다. 정숙 씨와 영희 씨는 사무실에서 야근을 하고 있던 중이었다. 그리고 아니나 다를까, 또 영희 씨가 최근 정숙 씨의 발언에 대해 문제를 제기하기 시작하였다. 정숙 씨가 직원들 앞에서 '그냥 와인바 하나 차리고 살걸, 내가 왜 고생을 하고 있는지 모르겠다'고 말한 것을 두고, 영희 씨는 자신과 동업체를 조롱한 것이라며 따지기 시작했다.

정숙 씨는 그 말을 듣고 화가 났다. 그냥 일부 직원에게 농담투로 건낸 말임이 전후 맥락상 누가 봐도 분명했는데, 그걸 지나가다 들은 영희 씨가 자신을 뒷담화 한다고 몰아세우는 것에 기분이 불쾌해졌다.

그리고 정숙 씨는 불쾌해진 기분을 잘못된 방식으로 풀어냈다. 갑자기 손으로 허공을 가르며 '어디서 모기가 계속 앵앵거리냐'고 말했다. 때는 한겨울이었고, 모기가 있지는 않았다. 사실상 영희 씨더러 들으라는 소리였다. 그러더니 이내 정숙 씨는 감정이 더 크게 북받쳐 올랐다. 큰 소리로 영희 씨에게 말했다. '동생이라고 봐줬더니 이제 하다 못해 기어오르냐'고 말이다. 정숙 씨는 그대로 문을 닫고 나가버렸다. 그 순간 영희 씨는 평소 자신의 생각이 맞았음을 확신하였다.

이후 정식적으로 동업관계에서 탈퇴를 선언한 것은 영희 씨였다. 영희 씨는 정숙 씨에게 장문의 카톡을 보내어 그간 있었던 일에 대한 소회를 밝히며 동업을 더 이상 할 수 없겠다고 선언하였다. 정숙 씨는 환영했다. 다만, 영희 씨가 또 어떤 식으로 나올지 몰라 내심 기쁜 마음을 숨기고 애석한 표현을 하면서 동업관계를 정리하는 데 최선을 다하겠다고 말하였다.

그런데 사람의 인연이라는 것은 참 알 수가 없는 노릇인 것 같다. 동업을 안 하게 되니, 두 사람은 어느새 다시 친했던 와인 친구 사이로 금방 돌아갔다. 두 사람은 여전히 자주 만났고, 정숙 씨는 영희 씨에게 가끔 카톡을 보내서 사업에 관한 고민과 궁금증을 묻기도 했다. 그때마다 영희 씨는 번뜩이는 아이디어를 내주었고, 정숙 씨는 트렌드에 민감한 영희 씨의 아이디어를 그대로 따르기도 하였다. 몇 년 뒤, 영희 씨는 자신이 이제 술을 끊게 되었다는 카톡을 남긴 채 연락이 두절되었다. 정숙 씨는 수차례 연락을 해보았지만, 영희 씨는 받지 않았다.

그러던 어느 날, 정숙 씨는 법무법인으로부터 한 통의 내용증명을 받게 되었다. 영희 씨가 의뢰한 변호사였다. 지금까지 발생한 동업체의 수익금을 정산해줄 것과, 현재 동업체의 잔여재산을 계산하여 지분반환을 해달라는 요구였다.

정숙 씨는 황당함을 감출 수가 없었다. 일단 오래전에 영희 씨가 나간 뒤로 사업체가 더욱 성장한 것은 맞았다. 하지만 순수익은 크게 늘지 않았다. 왜냐하면 수입원가, 인건비와 같은 비용이 계속 늘어났기 때문이었다. 심지어 사업 유형도 박리다매의 형태에서 럭셔리 소품 위주로 바뀌면서 재고자산의 비중이 압도적으로 높아졌다. 당장 폐업을 하면 불용재고로 인하여 오히려 적자가 날 수도 있는 판이었다.

정숙 씨는 변호사를 찾아가 상담을 했다. 영희 씨가 이미 동업관계에서 수년 전에 탈퇴했다는 점을 주장한다면, 그 당시를 기준으로 동업체의 재산을 평가하여 지분반환은 불가피하게 해주어야 할 수도 있다는 조언을 들었다. 반면, 폐업을 할 것이니 적자를 분담하라고 주장하려면, 지금까지 동업이 유지되고 있었다는 점을 인정하는 꼴이 되기 때문에, 그동안 미지급된 수익 분배금을 주어야 할 수도 있다는 문제가 발생하였다. 결국 정숙 씨는 조금의 부담을 감수하더라도, 영희 씨가 동업관계에서 이미 오래전에 탈퇴하였다는 사실만큼은 명명백백하게 밝혀야 하겠다고 굳게 결심하였다.

결국 영희 씨가 먼저 소송을 걸어왔다. 법원에서 두 사람은 첨예하게 다투었다. 영희 씨는 장문의 카톡이 수도 없이 오갔던 두 사람의 관계에 비춰볼 때 진정한 동업 탈퇴의 의사표시가 있었던 적은 단 한 번도 없었다고 주장했다. 반면, 정숙 씨는 영희 씨의 탈퇴 선언 전과 후의 상황을 비교하면서, 그것이 단순한 해프닝이 아니라 진정한 탈퇴의 의사표시였음을 주장했다. 결국 법원은 정숙 씨의 손을 들어주었다. 지분환급금의 규모도 영희 씨가 원하던 규모에 크게 미치지 못하였다. 영희 씨는 이럴 것이라면 진작에 돈을 받고 자신도 이를 목돈 삼아 다른 사업을 했을 것이라며 한탄을 했다. 정숙 씨는 자칫 큰돈이 나갈 수도 있다는 생각에 잠도 못 이루던 지난날을 뒤로한 채 이제야 비로소 두 다리를 쭉 펴고 편히 잠에 들 수 있게 되었다.

또 다른 사례를 들어보자. 이번에는 영수 씨와 경수 씨의 사례이다. 영수 씨와 경수 씨는 창업진흥대회에서 만나 서로의 탁월한 사업감각을 알아보고 함께 사업을 해보지 않겠냐며 급격히 친해진 케이스였다. 여러 가지 사업 아이템을 의논하던 그들은 목욕용품 개발 및 판매 사업을 해보기로 하였다.

이미 시중에 여러 유사한 사업이 있었지만, 영수 씨와 경수 씨의 사업은 특정 부위를 전문적으로 취급하면서 차별점을 두었다. 고객이 점차 늘어나기 시작하였고, 정부지원 사업으로 선정되어 보조금도 받을 수 있었다. 이들은 어플리케이션까지 개발하여 소비자의 접근성을 크게 늘렸는데, 그들이 개발한 어플리케이션은 직관적이고 간단한 사용방법 덕분에 소비자들로부터 큰 호응을 얻었다.

하지만 결국 영수 씨와 경수 씨도 사소한 일로 다투게 되었다. 점점 서로를 못 믿게 되었으며, 사업도 잘되는 듯하였으나 결국 내리막을 걷기 시작하였다. 몇 달이 지나지 않아 사업은 폐쇄 직전에 몰렸고 결국 영수 씨가 먼저 동업에서 나가겠다고 선언하였다. 경수 씨는 알겠다면서 정확한 정산을 위해 회계법인에 잔여 동업재산 계산을 부탁하겠다고 하였다. 그때가 가을이었다.

이후 회계법인을 통해 잔여재산이 계산되었다. 영수 씨는 여기서 자신의 지분만큼을 현금으로 달라고 하였다.

그런데 경수 씨는 갑자기 태도를 바꾸어 '손해가 증가하기 시작하였다'면서 정산을 다시 하여야 한다고 주장하였다. 상품재고가 늘어나면서 재고를 보관하여야 할 창고비용도 계속 누적적으로 증가하고 있고, 따라서 회계법인이 계산한 재고가치는 과대평가된 것이라고 하였다. 더구나 수익이 제대로 나지 않기 시작하는 구간에 돌입하면서 오히려 부채가 더 많은 상황인데 어떻게 영수 씨에게 돈을 줄 수 있냐는 취지였다. 나아가 영수 씨가 동업관계에서 탈퇴하면 정부지원 보조금도 문제가 될 수 있다고도 하였다.

영수 씨는 경수 씨의 주장이 부당하다고 하면서 소송을 제기했다. 그런데 법원은 영수 씨가 탈퇴한 뒤로부터 얼마 지나지 않아 이들의 동업체가 폐업을 한 점에 주목하였다. 즉, 영수 씨가 탈퇴한 것은 '동업사업의 존속을 전제로 하는 탈퇴'가 아니라 일종의 동업 해산 통지였다는 취지였다. 이렇게 동업의 해산을 통지한 것이라면 동업재산은 해산 통지 시를 기준으로 나눌 것이 아니라 동업의 최종 청산을 마친 시점의 잔여재산에 기초하여 배분을 하여야 할 것이라고도 덧붙였다.

영수 씨는 경수 씨가 계속 사업을 이어나갈 것으로 알고 있었다고 재항변했지만, 경수 씨는 이미 회계법인에 폐업을 문의해둔 상황이었고 그 과정에서 재산 내역을 일차적으로 계산한 것임이 드러났다. 결국 영수 씨는 의미있는 수준의 돈을 건지지 못하였다. 폐업을 하면서 잔여재산이 얼마 남지 않았고, 경수 씨 말대로 부채들이 산재해 있던 이유 때문이었다.

이처럼 동업자 중 1인이 동업관계에서 탈퇴하는 경우 그 지분반환은 탈퇴 당시를 기준으로 계산되기 때문에, 탈퇴를 하는 입장이나 존속을 하는 입장이나 탈퇴 일자를 명확히 정하는 게 가장 중요하다. 그렇게 되면 탈퇴 일시 이후 발생하는 사정은 중요하지 않다. 반대로 탈퇴 무렵 동업체가 폐업을 준비하는 등 동업사업이 계속될 것이라고 보기 어려운 사정이 있다면, 이는 동업의 탈퇴가 아닌 해산으로 여겨질 수도 있다. 그리고 만일 동업이 해산된 경우라면 동업체의 자산과 채무를 모두 평가해서 남은 것을 나누게 되고, 탈퇴와 달리 심할 경우에는 오히려 초과 채무를 분담하여야 할 수도 있다.

이렇게 동업을 언제 탈퇴하느냐, 언제 동업재산을 평가하느냐에 따라서도 지분반환을 구하는 사람들에게 돌아갈 몫은 매우 크게 달라질 수 있다. 여러 가지 이유로 동업을 그만두는 시점을 고민하고 있다면, 위와 같은 사정도 함께 고려하여 자신에게 가장 유리한 시점을 선택하는 것이 좋을 것이다. 반대로 상대방이 동업을 탈퇴하려는 낌새가 느껴진다면, 당장의 상황을 이성적으로 판단함으로써 상대방의 동업 탈퇴를 오히려 동업의 해산으로 막는 것도 고려해볼 수 있겠다.

간판에 발목 잡힐 것인가

미련이라는 단어는 때때로 사람의 이성적 판단을 마비시키곤 한다. 동업을 탈퇴한 사람에게도 이러한 증상은 자주 나타난다. 동업체가 여전히 남아있는 상황이라면 아마 대부분의 탈퇴자들은 그 동업체가 잘 안 되기를 내심 기대하곤 한다. 더 이상 '내 것이 아닌 남의 것'이라는 점이 부질없는 후회와 미련을 양산하는 것이다. 반대로, 이러한 후회와 미련에 사로잡힐 것이 두려워 동업체를 나오지 못한 채 전전긍긍하는 동업자들도 의외로 많다.

특히, 브랜드라는 무형의 가치가 꽤나 큰 동업체라면 여기를 박차고 나올 동업자는 생각보다 그리 많지 않을 것이다. 브랜드 파워를 가지게 된 동업체는 마치 황금알을 낳는 거위에 비유할 수도 있는데, 이렇게 신나게 황금알을 계속 낳고 있는 거위를 바라보고 있노라면 이를 버리고 떠났다간 자칫 먼 훗날에 미련이 가득 몰려올 것임을 우려한 나머지, 결국 또 한 번 참을 인자를 가슴에 새긴 채로 동업체에 잔류하는 것을 선택하게 된다.

반대로, 브랜드 파워를 가진 동업체를 해산하자는 사람이 생길 수도 있다. 아예 황금알을 낳는 거위를 없애자는 것이다. 만일 그렇게 해서 동업체가 해산이 되면, 그 브랜드는 누가 다시 쓸 수 있는 것일까? 이는 다시 말해, 황금알을 낳는 거위를 누가 다시 키울 수 있느냐는 문제로 귀결된다. 사전에 상표등록 등이 제대로 되어 있지 않다면, 이는 앞서 보았던 지식재산 분쟁의 영역으로 넘어갈 수 있다.

뜬금 없는 거위 이야기를 들어보았지만 실제 현실에서도 이와 같이 브랜드, 즉 동업체의 명성 때문에 동업관계의 정리가 매우 어려워지는 경우가 있다. 예를 들어 보자.

철수 씨와 영희 씨, 그리고 정숙 씨는 국어, 영어, 수학을 가르치는 선생님이었다. 철수 씨의 국어 수업은 수능, 논술, 자기소개서 등 다양한 형태였고 많은 수강생들을 몰고 다녔다. 영희 씨는 영어를 가르치는 선생님이었고, '황금거위학원'이라는 간판을 내건 채 학원을 운영하고 있었다. 정숙 씨는 동네에서 제일가는 소위 1타 수학강사였다. 그는 '황금거위수학'이라는 간판을 내걸고 활동하고 있었다.

처음에 영희 씨와 정숙 씨가 알게 된 이유는 영희 씨가 정숙 씨에게 소송을 걸었기 때문이다. 황금거위라는 특정 문구를 자신이 먼저 사용했다는 이유에서였다. 아무튼 소송 결과를 떠나, 이를 계기로 두 사람은 오히려 친해질 수 있었다. 적이 아닌 동료가 될 경우 서로 매우 큰 시너지 효과를 얻을 수 있을 것이라고 생각했던 것이다. 일단 영희 씨는 '황금거위학원'에 정숙 씨가 합류하기를 희망했다. 정숙 씨와 같은 1타 강사가 들어온다면 학생도 늘어날 것이고, 학원의 규모도 매우 커질 것으로 보았기 때문이다. 정숙 씨 입장에서도 영희 씨의 요청이 싫지만은 않았다. 학생들이 자신을 보러 오는 것이지 간판을 보러 오는 것은 아니었기에, 이참에 황금거위학원의 초창기 멤버로 합류하여 대형 학원을 만들어보겠다는 야망을 꿈꾸었다.

그렇게 해서 영희 씨와 정숙 씨는 '황금거위학원' 상호로 종합학원을 운영하기로 하는 동업계약을 맺게 되었다. 그리고 정숙 씨는 평소 알고 지내던 철수 씨에게도 종합학원에 합류할 의사를 물었다. 철수 씨 또한 흔쾌히 이를 승낙하였다. 철수 씨 역시 학생들은 선생님을 따라다니지 학원 간판을 따라다니지 않는다는 신념을 평소에 가지고 있었기 때문에 학원 간판에 큰 의미를 두지 않고 있던 차였고, 다만 종합학원에 소속된다면 여러 가지 편의를 더 얻을 수 있을 것이라고 생각했던 것이다.

이렇게 '황금거위학원'은 입시에 필요한 대부분의 수업을 제공하는 종합학원으로 거듭났다. 학원 일대에는 소문이 금방 퍼졌고, 상담 및 수강등록 문의가 빗발치기 시작했다. 이들은 건물을 새로 빌려 인테리어도 근사하게 하였다. 학원의 인기는 갈수록 더해져갔고, 점차 먼 지역에서 이들의 학원을 찾아오는 학부모와 학생들도 생겨나게 되었다. 학원이 생기자 주변 상권도 생기가 돌았다. 철수, 영희, 정숙 씨는 동업이 가지는 선한 영향력을 제대로 겪고 있었다.

학생들의 유입경로도 다양했다. 다만 분명한 것은 1타 강사 정숙 씨를 바라보고 오는 학생들이 압도적으로 많았다는 것이다. 물론, 철수 씨 때문에 학원을 등록한 학생도 적잖이 있었다. 그러나 영희 씨만을 바라보고 학원을 등록하는 학생은 거의 보이지 않았다. 대부분 종합반을 신청하거나, 철수, 정숙 씨의 단과반을 신청하는 경우가 많았다.

그러다보니 철수 씨와 정숙 씨는 강의 스케줄이 일주일을 가득 메

우게 되었고, 반대로 영희 씨는 시간이 많이 남게 되었다. 이들은 원래부터 강의 시수를 기준으로 수익을 분배하기로 하였기 때문에 이러한 격차가 동업체 운영에 큰 걸림돌이 되지는 않았다. 문제는 철수 씨와 정숙 씨가 학원 경영에 신경을 쓸 겨를이 없을 정도로 바빠졌다는 것이었다. 이에 영희 씨는 자신이 남는 시간이 많으므로 이를 학원 경영에 쓰겠다고 하였다. 철수 씨와 정숙 씨는 영희 씨의 결정에 고마움을 표하였다.

영희 씨는 그때부터 회계, 인사, 노무, 마케팅 등 중요한 경영사항뿐만 아니라, 청소상태, 아르바이트 관리, 집기류 관리 등 사소한 부분까지도 직접 챙겼다. 자연스럽게 영희 씨는 학원 경영을 주로 하는 선생님이 되었고, 철수 씨와 정숙 씨는 수업 강의를 주로 하는 선생님이 되었다. 학원 내에서도 영희 씨는 대표님, 철수 씨와 정숙 씨는 선생님으로 불리기 시작했다.

그렇게 몇 년이 흘렀을까. 이들의 시련은 정말 예상치 못한 방식으로 찾아왔다. 정숙 씨는 최근 건강이 좋지 않아져서 병원을 찾았다. 여러 검진을 받았는데 이상 소견이 있다며 큰 병원을 가라고 하였고, 정밀한 검진을 받았다. 그리고 몇 주 뒤, 병원을 찾은 정숙 씨는 눈앞이 캄캄해지는 소식을 듣게 되었다. 암 말기였다. 돌아오는 차 안에서 정숙 씨는 울음조차 나오지 않았다. 실감이 나지 않는다는 말을 이렇게 경험하게 될 줄이야 누가 알았겠는가. 정숙 씨는 가족들의 위로를 받으며 신변을 정리하기 시작했다.

문제는 학원이었다. 부득이한 사정으로 정숙 씨가 탈퇴를 해야 하는 상황임은 철수 씨도, 영숙 씨도 아무런 이의가 없었다. 그간 정숙 씨 덕분에 학원이 폭발적으로 성장해온 덕도 분명했기 때문에, 철수 씨와 영숙 씨는 최대한의 예우를 갖추어 정숙 씨의 동업지분을 정리해주기로 하였다. 정숙 씨는 학생들에게 차마 강의를 그만두게 된 이유를 밝히지 못한 채, 일신상 사유로 더 이상 수업을 할 수 없다는 공지를 띄우고 학원을 더 이상 나오지 않았다.

그러자 학원에는 환불요구가 쏟아지기 시작했다. 철수 씨는 환불금을 그냥 학원 돈으로 돌려주자는 입장이었다. 하지만 영희 씨는 생각이 달랐다. 개인적 사정이야 안타깝지만, 정숙 씨로 인하여 발생한 환불금은 정숙 씨가 부담하는 것이 타당하기 때문에, 환불금은 정숙 씨가 내야 한다고 주장하였다. 철수 씨는 이미 그런 것까지 다 예상하고 정숙 씨 탈퇴를 처리한 것 아니냐고 맞섰고, 영희 씨는 사사로운 감정을 사업에 개입시키지 말라며 철수 씨와 날카롭게 대립했다.

여기에 영희 씨는 자신이 경영을 총괄하고 있는 지위에 있다는 사실도 자신의 주장의 근거로 내세웠다. 특히나 영희 씨는 거의 무급으로 학원 경영을 도맡고 있었는데, 환불금을 돌려주게 된다면 가뜩이나 가장 적은 수익을 분배 받는 영희 씨로서는 도리어 열심히 일하고도 적자를 메꿔야 하는 상황에 놓일 처지였다.

그러나 이미 철수 씨는 영희 씨에 대하여 인간적 배신감을 매우 크게 느낀 상황이었다. 철수 씨는 정숙 씨를 오랜 기간 동안 알고 지내왔었고, 이 학원에 오게 된 것도 정숙 씨의 제안 때문이었다. 정숙 씨가 이 학원에 오면서 학생들이 몰렸고, 그래서 학원이 성장할 수 있었으며, 이에 다른 단과반, 종합반 수업도 수강생이 늘어나는 파급효과를 동업자들이 모두 누릴 수 있었다. 따라서 정숙 씨가 아니었다면 지금 '황금거위학원'의 부흥은 있을 수가 없었고, 그 부흥으로 인한 초과이익을 영희 씨도 분명 분배 받았을 터였다. 그러므로 철수 씨의 생각은 확고했다. 영희 씨는 고마움도 모르는 비인간적인 사람이라고 선을 그어버렸다.

영희 씨는 철수 씨의 생각을 도저히 이해할 수 없었다. 동업은 하나의 사업체이고, 이 사업체에 몸담고 있는 다른 강사들과 직원들, 학원 상권 효과를 누리게 된 마을 주민들 등도 철수 씨의 개인적 생각 때문에 피해를 보아서는 안 된다고 생각하였다. 이에 영희 씨는 마지막 결단을 하게 되었다. 바로 정숙 씨에 대한 소송이었다. 정숙 씨를 상대로 환불금 상당의 금원을 내놓으라는 민사소송을 제기하려는 것이었다.

그런데 영희 씨는 법률상담을 받으면서 답답한 경험을 하게 되었다. 동업, 즉 조합재산과 관련된 소송은 원칙적으로 조합원 전원이 원고가 되어야 한다는 것이었다. 다시 말해, 철수 씨도 영희 씨가 진행하는 소송의 공동원고가 되어야만 정숙 씨에게 환불금을 내라는 소송을 할 수 있다는 뜻이었다. 물론, 영희 씨는 스스로가 조합의 업무집행조합원이라는 점을 입증하여 홀로 소송을 수행할 수도 있었다. 하지만, 단지 철수 씨와 정숙 씨가 수업에 바빠 영희 씨가 학원의 각종 잡일을 도맡게 되었다는 사정만으로는 영희 씨가 이들로부터 정식으로 업무집행조합원으로서 선임이 되었다고 인정될 가능성이 불투명했다.

결국 영희 씨는 철수 씨에게 매달려야 하는 상황이 되었다. 전세가 역전되자 철수 씨는 영희 씨가 가진 모든 것을 파괴하려고 하였다. 소송을 함께 진행하자는 영희 씨의 요구사항에 대하여는 일언반구도 하지 않은 채 거절하였고, 학부모들이 요구하는 환불금도 영희 씨 동의 없이 직접 학원 계좌에서 이체해버렸다. 그러면서 이 동업관계에서 탈퇴를 할지 아니면 동업 자체를 해산시킬지 고민하기 시작하였다.

그런데 철수 씨도 점점 생각이 계산적으로 돌아가기 시작하였다. 이미 '황금거위학원'은 유명세를 탄 학원이었고, 정숙 씨가 아닌 다른 유능한 수학 선생님을 모셔온다면, 학원의 유명세로 인한 시너지 효과는 계속될 것이라는 생각이 들었다. 반대로 자신이 탈퇴를 해버린다면 그 유명세는 모두 영희 씨의 몫이 될 것이고, 자신은 예전 이름 없는 학원의 강사로 돌아가야 한다는 현실에 박탈감을 느끼기도 하였다. 그리고 무엇보다 중요한 것은 자괴감이었다. 학생은 간판이 아닌 선생님을 따라다닌다는 자신의 신념에 반하여 이 학원의 명성에 집착하고 있는 자신이 너무도 부끄러웠다. 철수 씨는 더 이상의 반목과 마찰을 희망하지 않게 되었다.

결국 철수 씨는 혼자서 여러 고민을 하던 끝에 영희 씨에게 찾아가 협상을 제안하기로 마음 먹었다. 이미 나간 환불금은 자신이 조금씩 더 메꿔볼 테니 황금거위학원을 다시 잘 운영해보자고 말이다.

그러나 철수 씨가 홀로 번뇌를 하고 있는 사이에, 영희 씨는 이미 돌아올 수 없는 길을 건너고 있었다. 철수 씨를 상대로 형사고소를 진행한 것이었다. 철수 씨가 학원 계좌에서 마음대로 환불을 한 것이 문제였다. 또한, 철수 씨를 상대로 민사소송도 병행할 준비를 하고 있었다. 이렇게 둘 사이에서 더 이상의 동업은 가능할 수가 없는 상황이었다. 철수 씨는 좌절감을 느꼈지만, 또 한편으로는 홀가분함을 느꼈다. 이제 '황금거위학원'은 없는 것이니, 미련을 갖지 않겠다고 말이다.

다만, 철수 씨는 자신이 동업관계에서 탈퇴를 하는 것이 아니라, 동업관계를 해산하는 것임을 분명히 하고자 하였다. 영희 씨가 1인 조합으로 존속하면서 '황금거위학원'을 운영하는 것은 도저히 용납 불가능한 일이었기 때문이다.

결국 철수 씨도 소송의 길을 선택할 수밖에 없었다. 조합 해산으로 인한 합유물 분할청구를 기초로 하여, 영희 씨가 '황금거위학원'을 사용하지 못하도록 하는 상호 사용금지 가처분 등을 무더기로 청구하였다. 철수 씨는 조합을 탈퇴하는 것이 아니라 해산을 청구하는 것이고, 이에 따라 조합의 재산은 청산사무가 종료될 때까지 합유물에 속하며, 따라서 상호권 등을 포함한 조합의 재산은 청산사무를 방해하지 않는 범위에서 사용되어야 할 것인데, 영희 씨가 청산사무에 응하지 않고 계속하여 상호와 재산을 개인의 영리목적으로 사용하고 있는 것은 위법하다는 취지였다.

두 사람의 치열한 법적 공방은 결국 합의로 끝이 났다. 이들의 분쟁을 둘러싼 소문이 파다하게 퍼지면서 '황금거위학원'의 브랜드 가치는 휴지조각이 되었고, 이에 두 사람은 하루빨리 동업관계를 정리하고 각자가 갈 길을 가는 것이 상책이었다고 생각했던 것이다. 필자는 만일 이들이 합의를 하지 않고 소송으로 판결을 받았다면 어땠을지 무척 궁금하다. 또 한편으로, 만일 '황금거위학원'이 계속해서 유명세를 펼치고 있었다면? 그렇다면 조합이 청산까지 마친 이후 누가 이 브랜드를 가져가게 되는지, 또 그렇다면 이 브랜드를 놓친 입장에선 얼마의 보상을 받았을지, 경우의 수가 무수히 많은 사례라고 볼 수 있다.

결국 '간판'을 걸고 하는 장사라면 그 간판의 가치가 얼마나 위대한 것인지도 깨닫는 순간이 오게 된다. 그러다 보니 동업체의 간판이 동업자 개인의 발목을 잡는 경우가 등장한다. 동업에서 나가자니 아쉽고, 있자니 답답하고, 이렇게 한숨만 쉬고 있는 동업자들이 더러 있을 것이다. 아니면 철수 씨처럼 아예 간판을 전부 때려부수려는 동업자도 분명 꽤 있을 것이다.

동업을 시작할 당시에는 예측하기 어려운 변수들이 너무나도 많다. 그 중에서도 훗날 동업체가 성장함으로써 가지게 될 브랜드 파워에 관한 논의는 동업 초창기에 쉽게 떠올리기 어려운 주제이다. 이제 겨우 시작하는 단계인데 브랜드를 의논하는 것은 섣부르다고 생각할 수도 있다.

다만, 간판에 발목을 잡히지 않으려면 최소한 자신만의 기준은 마련해두어야 할 것이다. 내가 이 간판 아래에서 계속 일을 할 것인지, 언젠가는 독립을 할 것인지, 그리고 그 즈음에 이 동업자와는 어떻게 관계를 해소하고 정리할 것인지 정도는 미리 생각을 해두는 편이 좋다. 그리고 간판을 둘러싼 분쟁이 발생한다면, 이는 합유물과 지식재산에 관한 분쟁으로서 상당히 복잡한 과정을 거쳐야 한다는 점도 잊지 말아야겠다.

끝나도 끝난 것이 아니다

동업은 너무나도 쉽게 끝날 수 있는 인적 결합관계에 해당한다. 이혼처럼 법적 사유와 치밀한 증거를 요하는 것도 아니고, 유책당사자조차 탈퇴나 해산 청구가 가능하다. 친권, 양육권, 재산분할, 위자료 등 부차적 문제도 첨예하게 다툴 필요가 없고, 오직 '정산'만 제대로 한다면 동업관계는 당사자 선에서 어느 정도 쉽게 정리될 수 있다.

그리고 대부분의 동업은 애당초 동업계약서조차 없는 경우가 태반이기 때문에, 동업을 종료할 때도 어떤 정해진 절차 없이 그냥 곧장 세무서로 가서 폐업신고를 하거나, 누군가 홀로 남아서 계속 사업을 하게 된다. 그리고 그 과정에서 서로 대충 말로 정산을 끝내는 경우가 많다. 특히나 동업자 간 감정적 갈등 때문이 아니라, 경영상 어려움이나 일신상 사정 등으로 동업을 끝내는 사이라면, 마지막 날 술 한잔 기울이면서 서로를 격려하고 응원해주며 이런 저런 얘기를 하다 동업을 마무리 짓곤 하는게 통상적인 모습이다.

철수 씨와 영희 씨도 처음에는 그런 동업 사이였다. 두 사람은 미용업에 종사하면서 어느 한 프랜차이즈 미용실에 함께 근무한 것을 인연으로 오빠 동생하며 친하게 지내왔었다. 이들은 시간이 지나며 어느 정도 경력도 쌓였고 단골손님도 늘어나면서 진지하게 창업을 고민하기 시작하였다. 두 사람은 비용은 줄이고 시너지 효과를 기대할 수 있는 동업을 하기로 흔쾌히 합의했다.

서로 모아왔던 돈을 5:5로 넣고, 그 돈으로 점포를 구해 인테리어를 꾸몄다. 집기류는 각자가 사용하고 있던 것을 가져왔고, 부족한 것은 공금으로 구매하였다. 처음에는 단골손님 위주로 장사가 되었지만, 점차 이들의 실력과 말솜씨가 소문이 나서 신규손님들도 늘어나기 시작했다. 재방문율도 높아졌고, 제품 구매 손님도 늘어나면서 사업은 1년 만에 손익분기점을 넘게 되었다.

철수 씨와 영희 씨는 각자의 손님 몫은 각자가 가져가는 것으로 합의하였고, 그렇지 않은 손님의 몫은 서로 절반씩 가져가는 것으로 합의하였다. 둘 다 워낙 유명세를 타고 있었기 때문에, 수익의 균형도 어느 정도 맞았다. 특히 두 사람은 회계를 비롯한 경영사항 일체를 실시간으로 공유하면서 진정한 공동의 경영을 하고 있었다. 매우 안정적인 동업 구조였다.

사업체 규모가 커지고 안정화 시기에 접어들자 철수 씨와 영희 씨는 미용 서비스의 다각화를 시도하였다. 우선, 네일아트를 전문으로 하는 프리랜서와 계약을 맺어 일정 부분 수익을 공유하였다. 그 다음에는 옆 점포를 임차하여 미용실을 확장한 다음, 거기에서 스킨케어, 전신관리 등 당시 유행하던 미용 서비스를 빼놓지 않고 제공하기 시작하였다.

시간이 흐르면서 수많은 프리랜서들이 이들의 미용실을 거쳐갔지만, 철수 씨와 영희 씨의 쌍두마차 체제는 여전히 굳건했다. 이들의 목표는 '올인원 뷰티케어 서비스'를 제공하는 업체로의 도약이었다. 두 사람의 성공적인 창업은 많은 미용업 종사자들 사이에 소문이 났고, 이들과 함께 동업을 하고 싶다거나, 2호점, 3호점을 내달라는 사람들도 조금씩 생겨나기 시작했다.

이렇게 사업체는 잘 되어 가고만 있었는데, 철수 씨와 영희 씨는 뭔가 초조함과 두려움이 엄습했다. 모든게 이렇게 잘 되는 것이 무섭게만 느껴졌다. 그래서 사업의 확장도, 추가 점포의 개설도 아직은 때가 아니라는 직관 때문에 선뜻 나서지 못하고 있었다. 사실 이들의 성공 배경에는 그들의 피나는 노력과 뚝심이 있었기 때문이었는데, 어쩌면 이들의 경영상 역량이 한계치에 도달한 수준으로 사업체가 커버린 탓도 있었을 것이다.

영희 씨는 너무나 커버린 사업체를 온전히 감당하려면 하나부터 열까지 다시 한 번 사업장의 모든 정보를 확인하고 정리할 필요가 있다고 생각했다. 최근 몇 년 사이 사업체의 고객정보, 매출정보, 비용 등을 너무 안일하게 신경쓰지 않고 있었다. 그래서 영희 씨는 장부를 차근차근 되짚어보기 시작하였다.

그런데 영희 씨는 이상한 점을 발견했다. 장부는 크게 헤어 부분과 케어 부분으로 나뉘어져 있었는데, 케어 부분에서 이해하기 어려운 내용들이 유난히 많이 나타났다. 안 그래도 1년 전 전신관리사 한 분이 그만두면서 철수 씨의 아내가 대신 전신케어 파트에 근로자 형태로 고용된 적이 있었다. 철수 씨 아내는 급여를 받아갔고, 그 이상의 영업이익은 철수 씨와 영희 씨가 나누어 가졌다.

하지만 전신케어 손님이 늘 북적였음에도 불구하고, 장부상에는 매출이 전혀 잡히지 않는 날이 꽤 많았다. 반대로 매출이 발생할 수 없는 상황에 매출이 잡혀있는 경우도 있었다. 가령, 시설물 보수 공사 때문에 일부 영업을 쉬었던 날에는 헤어 손님 밖에 없었는데, 이 날에도 전신케어 손님이 있던 것으로 장부에 기재가 되어 있던 것이다.

수상한 느낌을 감지한 영희 씨는 장부와 실제 매출관련 기록을 비교하기 시작했다. 그랬더니 숫자가 전혀 맞지 않음을 알게 되었다. 아무리 생각해보아도 분식회계가 있던 것이 분명했다. 영희 씨는 한동안 깊은 고민에 빠졌다. 심증은 있으나 물증이 확실하지 않은 상태에서 분란부터 만들기는 싫었다. 그래서 오랜 기간에 걸쳐 증거를 수집하기 시작했다.

일단 매우 친한 단골손님이 올 때면, 영희 씨는 손님이 관리를 마치길 기다리다가 차 한 잔을 대접하면서 정중하게 물어보았다. '저희가 카드가 아닌 계좌이체를 받는 경우 현금영수증을 발급해드리는데 잘 받고 계시냐'고 말이다. 새로 들어온 회계직원이 서툴러서 불편을 드렸다면 죄송하다는 말도 덧붙였다. 그러면 대개 단골손님은 '그런 줄은 몰랐다, 나는 계좌번호를 알려주길래 보냈는데 문제가 되느냐'며 걱정을 했다. 그러면 영희 씨는 웃으면서 '저희가 현금영수증 의무 발행업종이라서 혹시 결례가 안 된다면 이체 내역만 좀 확인 부탁드린다'고 하였고, 그렇게 손님이 언제 얼마를 철수 씨의 개인 계좌로 보냈는지 하나씩 확인을 해가기 시작했다.

어느 정도 증거가 모였고, 영희 씨는 확신이 들었다. 손님이 계좌이체를 한 날 대부분은 장부에 매출이 누락되어 있었다. 철수 씨 또는 철수 씨의 아내가 고객으로부터 현금을 받아 챙기고 고의로 매출을 누락한 것이었다. 반대로 허위매출은 이러한 매출누락을 숨기기 위하여 철수 씨가 임의로 작성하였던 것이었다. 이런 식으로 철수 씨는 전신케어의 매출을 매달 일정한 수준으로 장부상 유지하면서 정작 실제 수익의 대부분은 자신과 아내의 몫으로 챙기고 있었다. 이러한 사정을 모르는 영희 씨는 '전신케어가 어느 정도 매출이 나오는구나' 정도로만 생각하고 지나칠 수밖에 없었다.

영희 씨는 곧바로 철수 씨를 상대로 손해배상 소송을 걸었다. 철수 씨의 횡령으로 조합재산에 손해가 발생하였다는 것이었다. 형사소송도 당연히 함께했다. 업무상횡령 등으로 고소된 철수 씨는 영희 씨에게 '대화로 해결하면 될 것을 왜 이렇게까지 일을 벌리냐'며 적반하장식 태도로 나오기 시작하였다.

두 사람이 소송전을 벌이고 있으니 사업장이 잘 될리가 없었다. 그래도 철수 씨는 뻔뻔한 태도로 사업장에 나와 아무렇지도 않은 듯이 일을 했고, 영희 씨는 그런 철수 씨의 모습을 도저히 쳐다볼 수 없었다. 이에 영희 씨는 고객들에게 양해를 구하고 미용실을 더 이상 나오지 않게 되었다. 영희 씨가 빠진 미용실은 왠지 허전했고, 고객들 사이에도 안 좋은 소문이 나돌기 시작했다. 철수 씨는 아내와 함께 미용실을 운영하기 시작했지만, 다른 프리랜서들도, 직원들도 하나 둘씩 떠나기 시작했다.

수사기관을 통하여 확인된 철수 씨의 횡령 규모는 상당했다. 결국 철수 씨는 형사재판 1심에서 업무상횡령으로 징역 1년이 선고되어 법정구속되었고, 이후 철수 씨는 횡령금액 전체를 동업계좌로 변제함으로써 2심에서 겨우 집행유예로 나올 수 있었다. 그 사이 미용실은 황폐화가 되었고, 영희 씨는 철수 씨가 감옥에 들어간 이후부터는 다시 미용실에 나와 잔무를 처리했다. 폐업신고를 하고, 회원권 환불 등도 도맡아 하였으며, 직원들을 모두 내보내고, 권리금을 받아 사업장을 새로운 임차인에게 양도하였다. 보증금도 돌려 받아 동업계좌에 잘 보관하였고, 집기류 등 돈이 될 만한 것들은 일단 영희 씨가 새로 차린 미용실 한 켠에 천막을 씌운 채 보관을 하고 있었다.

한편, 감옥에서 나온 철수 씨는 남아있는 민사소송에서 새로운 주장을 하기 시작하였다. 자신의 횡령으로 조합에 손해가 간 부분은 이미 모두 원상회복 되었으므로 영희 씨의 손해배상 청구는 기각되어야 한다는 취지였다. 즉, 철수 씨로서는 아직 동업이 끝난 게 아니고, 정산을 마저 해야한다는 입장을 고수하였다.

이러한 철수 씨의 모습을 본 영희 씨는 머리끝까지 화가 났다. 이미 철수 씨의 횡령으로 동업자간 신뢰가 파탄이 났고, 이로 인하여 손해배상 소송까지 진행을 한 마당에 어떻게 동업관계가 존속할 수 있었냐고 항변하였다.

법원은 철수 씨와 영희 씨 각자의 손을 균형있게 들어주었다. 먼저, 이들의 조합관계는 영희 씨의 소장이 철수 씨에게 도달했을 무렵 이미 해산이 되었고, 철수 씨가 지속적으로 영업을 하긴 했지만 이미 폐업하였으므로 잔존사무도 남아있지 않아 청산절차로서 잔여재산분배를 곧바로 할 수 있다고 판단하였다. 반면, 철수 씨가 이미 횡령금액을 조합재산에 되돌려 놓았고, 따라서 영희 씨는 조합의 잔여재산을 분배 받으면 되지 철수 씨로부터 개인적으로 돈을 받을 이유는 없다는 이유로, 영희 씨의 청구는 기각이 되었다.

소송이 끝나고 영희 씨는 더욱 고통스러운 작업을 마주해야 했다. 동업체의 적극재산과 소극재산을 정하는 일과 집기류 등을 나누는 일을 철수 씨와 같이 해야만 했던 것이다. 철수 씨는 태연하게 연락을 해와 빨리 마무리를 짓자고 하였다. 영희 씨는 분명 철수 씨가 더 빼돌린 돈이 있을 것이라고 생각했다. 특히 영희 씨가 미용실에 나오지 않은 이후부터 철수 씨가 감옥에 들어갈 때까지 작성된 장부는 도저히 믿을 수가 없는 것이었다. 하지만 영희 씨는 더 이상의 송사에 휘말리고 싶지가 않았다. 자포자기하는 심정으로 남아있는 돈을 나눠 가지기로 하였다. 남들은 나눠가질 돈도 없이 폐업한다는데, 그나마 다행이라고 생각했다.

그렇지만 이것도 끝이 아니었다. 철수 씨는 남아있던 집기류의 분배를 요구했다. 일단 서로가 가져왔던 것들은 서로가 가져가는 것으로 합의가 되었다. 문제는 남은 대부분의 집기가 개인이 아닌 동업체의 소유라는 것이었다. 결국 이 집기들을 또 어떻게 분배해야 하는지 철수 씨와 영희 씨는 다투어야만 했다.

어떤 제품은 거의 새 것이었고, 어떤 제품은 절반 정도 쓴 상태였다. 어떤 기계는 최신식이라서 당장 중고제품으로 팔아도 금방 팔릴 것이었고, 어떤 기계는 이미 유행이 지나버린 구식이라서 차라리 고물로 내놓는 게 나을 지경이었다. 어떤 집기는 철수 씨가 주로 사용하는 집기였고, 어떤 집기는 영희 씨가 주로 사용하는 집기였다.

결국 이들은 집기를 하나씩 나누어 가지는 것을 포기했다. 대신 집기들의 경제적 가치를 가늠해서 철수 씨가 그 절반만큼의 돈을 받고, 영희 씨가 이들을 모두 사용하기로 하였다. 하지만 경제적 가치를 가늠하는 것조차도 두 사람은 첨예하게 대립할 수밖에 없었다. 철수 씨는 가치를 최대한 부풀리려 했고, 영희 씨는 최소화하려고 노력했다. 그 누구도 이를 객관적으로 평가해 줄 수 있는 사람이 없었다. 결국 심신이 지칠대로 지친 영희 씨가 두 손 두 발을 들었다. 철수 씨의 주장대로 집기류 가격을 쳐주고, 곧바로 철수 씨의 전화번호를 차단하였다.

철수 씨는 감옥에 다녀오면서 모든 것을 잃었다. 손님도, 직원도, 같이 일을 할 동업자도 이젠 이 바닥에서 구하는 게 쉽지 않았다. 손에 쥐어진 돈으로 할 수 있는 것은 딱히 없었다.

대신 영희 씨는 지옥을 다녀왔다. 철수 씨는 당연한 벌을 받았을 뿐인데, 이상하게 손해는 계속 자신만 본 것 같았다. 힘들게 일해 온 순간들이 모두 물거품이 되었고, 영희 씨도 결국 예전의 영광을 찾기는 어려울 것 같았다. 자신은 잘못한 게 없는데 상황은 엉망진창이 되었다.

위 사례는 필자가 동업분쟁에서 가장 흔하게 겪는 사례에 해당한다. 놀랍게도 동업분쟁은 끝날 때까지 끝난 것이 아니다. 관계의 종료야 쉽지만, 정산이라는 절차는 절대 쉽지 않다. 그 이유는 동업의 본질이 사람과 사람의 개인적 관계가 아닌, 사람과 사람이 만나 조합이라는 하나의 유기체를 만드는 일이기 때문이다. 즉, 사람과 사람은 이별할 수 있어도, 조합이라는 유기체는 누군가 정산을 해서 없애야 한다. 그 과정이 너무도 피가 말리고 잔혹하다. 감정이 상할 대로 상해버린 상황에서, 조합의 작은 집기류조차 지나치지 않고 단 돈 몇 푼이라도 더 챙기려는 모습을 보면, 사실상 조합의 정산은 돈의 문제도 문제지만, 당사자들의 자존심을 지키려는 다툼으로 비추어질 때도 상당히 많다.

동업은 시스템에 기초해야 한다는 말을 계속 강조해 왔다. 그리고 이 시스템의 꽃은 바로 '정산' 절차에 관한 것이다. 탈퇴든 해산이든 서로가 미리 정산의 절차와 기준을 정한다면 훗날 서로 얼굴 붉히며 소송전에 돌입하는 경우는 많이 줄어들 것이다.

동업자랑 작은 점포를 하나 내면서 '설마 우리가 나중에 집기 하나 가지고 싸우겠어?'라고 생각할지도 모른다. 그래서 큰 고민 없이 계약서에 싸인을 해버린다. 그리고 나서 나중에 계약서를 다시 보니, '동업을 해지하면 자산은 5:5로 나눈다'고만 되어 있다. 이게 탈퇴에 관한 것인지 해산에 관한 것인지도 잘 모르겠고, 어떻게 자산을 평가하는지도 안 나와 있다. 이런 계약은 사실 하나마나 한 계약인 경우가 많다.

동업의 탈퇴 및 해산의 사유, 그 방법, 정산의 대상이 되는 동업자산의 범위, 동업자산의 평가 및 분배 방식, 청산 사무의 처리 방식, 손해배상 및 위약벌 등을 세세하게 정해둔다면 어지간한 확률로 나타나는 변수는 동업계약서가 커버를 할 수 있을 것이다.

하지만 계약이 결코 담지 못하는 것이 하나 있다. 바로 동업자 간의 감정과 분노, 이기심이다. 아무리 계약서를 촘촘하게 쓰더라도, 상대방이 계약서상 문구 해석에 이의를 제기하면서 분쟁을 야기시키는 것까지 막을 방법은 없다. 우리 헌법에는 재판청구권이라는 기본권이 있기 때문에, 사회통념상 결론이 명백해 보이는 사안임에도 불구하고 송사를 억지로 치르려는 사람의 자유의사까지는 막지 못한다는 것이다.

그래서 결국 동업도 이혼 분쟁과 못지않게 자주 발생하고, 또 오래 걸리고, 또 모두가 지치고, 결국 당사자들만 상처를 입게 된다. 서로 합의가 되지 않아 송사의 영역으로 들어온 이상, 끝날 때까지 끝난 게 아니란 말이다.

이 글을 읽고 있는 독자께서 현명한 사업가라면, 사업의 시작도 중요하지만 그 끝도 매우 중요하다는 점을 이미 알고 있을 것이다. 이는 동업이라고 하여 결론을 달리 하지 않는다. 그러므로 창대한 꿈을 가진 채 이제 막 동업을 시작하는 동업자들일지라도, 동업관계가 틀어질 경우를 사전에 어느 정도 대비해두는 것이 역설적이게도 동업의 안정적 운영에 도움이 된다고 할 것이다.

Epilogue

동업은 정말 하면 망하는 것일까? 필자의 대답은 '아니'다. 동업은 예나 지금이나 가장 효율적이고 이상적인 창업모델에 해당한다. 구글, 애플, 테슬라, 오픈AI, 페이팔 등 굴지의 글로벌 기업들도 처음에는 모두 공동창업으로 시작됐다.

그렇다면 이러한 이상과 현실의 괴리는 대체 어디서 오는 것일까. 그 원인을 생각해보면 간단하다. 바로, 동업을 '시작'하려는 이유와 동업을 '계속'하려는 이유가 서로 다르기 때문이다. 사람들은 비용과 노력을 분담하기 위하여 동업을 '시작'하려고 한다. 반면, 동업을 '계속'하려는 이유는 수익과 권한을 분산하는 것에 아무런 이견이 없기 때문이다. 그런데, 의외로 많은 사람들이 동업을 '시작'하려는 이유에만 매몰되어 동업을 '계속'하려는 이유를 진지하게 생각해보지 않는다.

단지 비용을 분담한다고 하여 동업관계가 성립하는 것이 결코 아니다. 공유오피스에 입점한 수많은 업체들을 두고 동업관계라고 부를 수 없는 것과 같은 이치다. 동업은 공동의 수익을 창출할 줄 알아야 하고,

그 수익을 노력과 권한에 맞게 공평하게 분배할 줄 알아야 한다. 여기서 공평함이란 절대적 공평함이 아닌, 상대적 공평함을 뜻한다. 사람마다 가진 재능이 제각각이기 때문에, 개개인의 노력과 권한을 산술적으로 완전히 일치시키는 것은 불가능에 가깝다.

이처럼 노력과 권한에 따라 수익을 공평하게 나눈다는 것. 이것이 바로 동업자 정신이다. 혹자는 희생, 양보, 배려 등을 동업자 정신으로 내세우기도 한다. 그러나, 이러한 미덕 때문에 낭패를 보았던 사례를 우린 앞서 수도 없이 살펴보았다.

경제학 원리에 따르면, 인간의 욕심은 무한하다고 한다. 따라서, 어떻게든 자신의 몫을 더 차지하려는 동업자들의 모습을 보고 무작정 비난만 할 수는 없을 것이다. 다만, 동업관계에서 욕심은 반드시 경계해야 할 대상이다. 자신이 동업체로부터 받을 수 있는 몫의 한계를 인정하고, 그만큼의 자격과 권한이 있는지 스스로를 끊임없이 돌아보아야 한다. 즉, '자기객관화'야 말로 동업자 정신의 핵심이라고 할 수 있다. 동업자들이 이러한 정신을 가지고 있다면 그 동업체는 마치 건강한 세포들이 상호 유기적으로 작용하듯이 지속가능하고 안정적인 성장을 도모할 수 있게 될 것이다.

바야흐로 평생직장의 시대가 저물고 100세 시대가 도래하면서, 제2의 인생을 위한 창업과 동업의 수요는 나날이 늘어날 것으로 예상된다. 그런데 무작정 동업을 시작하는 것보다, 동업을 어떻게 계속할 것인지에 대한 고민을 먼저 해보는 것은 어떨까. 앞으로 원대한 꿈을 펼칠 수많은 동업자들에게 이 책이 조금이나마 도움이 되길 기원한다.

왜 동업은 망할까?

초판발행 2026년 2월 28일

지은이 황성준
펴낸이 안종만 · 안상준

편 집 전채린
기획/마케팅 정성혁
표지디자인 BEN STORY
제 작 고철민 · 김원표

펴낸곳 (주) 박영사
서울특별시 금천구 가산디지털2로 53, 210호(가산동, 한라시그마밸리)
등록 1959. 3. 11. 제300-1959-1호(倫)
전 화 02)733-6771
f a x 02)736-4818
e-mail pys@pybook.co.kr
homepage www.pybook.co.kr
ISBN 979-11-303-9738-2 03320

정 가 18,000원